KB196215

프레카즈(PREKAZ), 용감한 자들의 유산
그는 살아 있다

**코소보 프레카즈 연대기**

프레카즈(PREKAZ), 용감한 자들의 유산

# 그는 살아 있다

저   자 | 디브란 필리(Dibran Fylli)
번   역 | 양금희
발행자 | 오혜정
펴낸곳 | 글나무
주   소 | 서울시 은평구 진관2로 12, 912호(메이플카운티2차)
전   화 | 02)2272-6006
e-mail | wordtree@hanmail.net
등   록 | 1988년 9월 9일(제301-1988-095)

2025년 2월 20일 초판 인쇄 · 발행

ISBN 979-11-93913-17-8 03990

값 25,000원

코소보 프레카즈 연대기

프레카즈(PREKAZ), 용감한 자들의 유산

# 그는 살아 있다

디브란 필리(Dibran Fylli) 著

# 과거와 현재, 그리고 미래를 해석하는
# 새로운 관점을 얻을 수 있기를

디브란 필리 (감독/배우, 작가, 시인)

 연대기적 문학 작품《프레카즈 연대기, 용감한 자의 유 산 - 그는 살아 있다》는 독자들을 일상으로부터 단숨에 벗 어나게 하며, 역사적 과거로 돌아가도록 이끕니다. 이 책 은 역사적 사건들을 의미 있고 설득력 있게 서술함으로써, 아뎀 자샤리 사령관을 비롯한 영웅들의 거대한 투쟁과 다양한 인물들의 이야 기를 연속적으로 표현하며, 사건의 전개를 적절한 수준에서 명확하고 이해 하기 쉽게 전달하고 있습니다.

이 작품은 한두 개의 사건 전개를 중심으로, 역사적 사실과 인간의 행동, 그리고 고난 속에서도 인류애를 실천한 가족들의 모습을 보여줍니다. 한편 으로는, 알바니아 땅에서 오랜 세월 동안 침략자들이 저질러온 속임수, 폭 력, 학살, 집단 학살, 살인, 그리고 파괴 행위도 적나라하게 드러냅니다.

이 연대기적 작품은 현재와 과거를 적절히 분리하며, 역사적 차원에서 의 미 있는 흔적을 남깁니다. 이러한 과정은 마치 미로를 헤매는 것 같습니다. 하지만 그 어둠 속 끝에서 따스한 햇살 한 줄기가 오래전부터 비추기 시작하 는 것을 느낄 수 있습니다.

《프레카즈 연대기, 용감한 자의 유산 - 그는 살아 있다》를 읽는 독자들은 등장인물들의 영웅적 태도를 통해 단순히 삶의 모델을 보는 데 그치지 않고, 과거와 현재, 그리고 미래를 해석하는 새로운 관점을 얻을 수 있습니다.

이 서술 방식은 이론적, 스타일적 장르를 막론하고 문학적-연대기적 작품으로 불리며, 당시 사건들에서 드러난 드라마와 비극을 담고 있습니다. 특히 코소보 해방군(KLA)의 마지막 전쟁에 이르기까지의 고통스러운 사건들이 묘사되고, 이를 통해 독특한 영웅의 모습을 형성하며, 역사적 사건 속에서 부재하던 존재감을 세워 나갑니다. 이는 드물게 발견되는 독창적이면서도 진실된 서사적 역량을 보여줍니다.

이 흥미로운 역사적 주제를 다룬 이 연대기적 작품을 통해 독자들은 알바니아 국민의 고난, 자유와 존재를 위한 투쟁, 그리고 전쟁 시기에 발휘된 인류애, 도움, 희생 등에 대해 많은 것을 배울 수 있을 것입니다.

코소보 해방군(KLA)의 해방 전쟁은 이미 다양한 전문가들에 의해 분석되고 평가되어 왔습니다. 따라서 저는 이 연대기적 작품에서 아뎀 자샤리 사령관의 인물을 매우 중요하고 강력한 인물로 제시했습니다. 그는 분명 인간성을 상실한 세르비아 적군에 맞섰으며, 그들이 만들어낸 고통, 고난, 눈물에 직면해야 했습니다.

이 사실적 작품의 가치는 지금까지도 잘 증명되고 있습니다. 이 책은 현재까지 다음과 같은 언어로 번역 및 출판되었습니다: 알바니아어, 영어, 독일어, 프랑스어, 이탈리아어, 크로아티아어, 슬로베니아어, 터키어, 스페인어, 히브리어, 중국어, 펀자브어, 아랍어, 아삼어, 폴란드어, 그리고 이번에는 한국어로도 번역되었습니다.

그 내용과 특징에 비추어 볼 때, 연대기적 작품《프레카즈 연대기, 용감한

자의 유산 – 그는 살아 있다》는 진솔한 영혼의 서술로서 회화와 지도, 장엄함
과 행복, 그리고 고통을 동시에 닮은 작품입니다. 이 작품은 메시지와 심미
적-문학적 가치를 지니며, 국내외 문학, 역사, 문화적 가치를 풍부하게 합니
다.

# I hope that we can gain a new perspective on interpreting the past, present, and future

Dibran Fylli (director/ actor)

Chronological literary works Prekaz a legacy of the brave - He is alive, which at first reading takes you out of everyday life by returning you to the times of the historical past, as well as starting from the meaningful and argumentative presentation of historical events to the titanic struggle of the heroes led by Commander Adem Jashari and other characters that maintain the appropriate level of expression, meaning, appearance and comprehensibility of the development of historical events in continuity.

The development of one or more events, which within themselves show historical facts, human behavior and humane actions of long-suffering families on the one hand and on the other the deceptions, violence, massacres, genocide, murders and destruction of centuries-old invaders in Albanian lands.

Considering that this chronological work preserves the necessary distance of a period with the present and what happened, it remains part of a whole that preserves it and leaves a trace in a historical dimension. All this resembles a labyrinth, the darkened end of which begins to be illuminated by a warm ray of sunlight, who knows how many years ago...

By reading the chronological work Prekaz a legacy of the brave - He is Alive, readers find precisely the heroic stance of the characters who are not only an example of a life model, but also an interpretation of the past, present, and future.

This form of narration, regardless of the theoretical and stylistic genre, is called a literary-chronological work in which we find drama and tragedy within many events of that time up to the time of the last war of the Kosovo Liberation Army, where the painful events are described and suddenly the construction of the profile of the hero who goes through unrepeatable historical events intervenes, building the absent presence and this is a rare narrative and real mastery at the same time.

I am convinced that, through this chronological work which deals with an interesting topic of our historical past, readers will gain a lot of knowledge about the suffering of the Albanian people, their struggles for freedom and existence, as well as topics that present the humanism of the Albanian people, help and sacrifice in difficult times - in times of war.

The KLA Liberation War has been written about, analyzed and evaluated by experts in the field of fact-finding, therefore, in my view, in this chronological book I have presented the figure of Commander Adem Jashari as a very important and powerful character because he faced the exterminating Serbian enemy, an enemy that certainly lacked the feeling of being human, creating; pain, suffering, tears...

The value of this factual book is best evidenced by the fact that so far, this book has been translated and published in the following languages: (Albanian, English, German, French, Italian, Croatian, Slovenian, Turkish, Spanish, Hebrew, Chinese, Punjabi, Arabic, Assamese, Polish and now also in Korean).

Based on its content and characteristics, the chronological book "Prekaz a legacy of the brave - He is alive", is a work of sincere spiritual narrative, which resembles both painting and map, both grandeur and happiness, but also pain. This work has the message and aesthetic-literary quality, which enriches national and international literary, historical and cultural values...

# 균형된 시각으로 코스보 독립의 진실을 마주하길

양 금 희 (전 제주국제대 특임교수)

자유를 위해 싸우다 쓰러진 코소보 독립 영웅들의 일대
기인 《프레카즈(PREKAZ), 용감한 자들의 유산-그는 살아 있
다》를 한국 독자들에게 소개하게 된 것을 매우 기쁘게 생
각합니다.

유럽의 발칸 반도에 있는 코소보(Kosovo)는 한국 독자들에게는 매우 생소한
나라입니다. 한국은 코소보와 공식 외교 관계가 수립되지 않았기에 더더욱
생경하게 느껴집니다.

코소보와 한국의 접점을 찾는다면, 한국은 일제강점기를 겪으며 일본으로
부터 한국을 독립하기 위한 독립투사들의 수많은 희생과 투쟁으로 한국은 독
립을 이루었으며, 독립 후 6·25 전쟁이라는 민족 간 전쟁의 비극을 경험한
나라라는 점일 것입니다.

독립을 위한 투쟁의 역사가 존재하는 한국 독자들에게 코소보가 독립을 쟁
취하기 위한 코소보 영웅들의 투쟁 역사에 대해 공감도가 매우 높으리라 생
각합니다.

과장된 표현 없이 역사적 증거를 담고 있다고 '드레니차에서 온 편지'에서

밝히고 있듯 코소보의 독립 영웅들의 이야기가 코소보라는 나라에 대해 생소하게 느껴지는 한국 독자들에게 과장되지 않고, 있는 그대로 '용감한 자들의 유산'이라는 역사의 진실이 전달되기를 소망합니다.

디브란 퓔리(Dibran Fylli) 시인은 "용맹한 자들의 총성과 노래가 꺼지지 않는 저항의 교향곡을 써 내려갔고, 그 울림은 우리의 자유를 위한 투쟁의 뿌리와 정점을 울렸고, 자유를 사랑하는 정신과 알바니아 전통에 대한 신념을 지키는 데 중요한 역할을 했던 전통을 보존하고, 알바니아인들이 그들 영토에서 자유롭고 주권적인 존재로 살도록 영감을 주었던 것처럼 아뎀 자샤리의 불굴의 정신은 알바니아인들에게 삶, 조국, 자유, 명예, 그리고 민족의 존엄에 대한 새로운 철학과 의식을 심어주었고, 아뎀 자샤리의 용감한 희생은 코소보 해방군의 동원과 구조화, 변혁에 강력한 자극을 주었으며, 그의 정신은 여전히 살아있고, 세계가 끝날 때까지 영원할 것"이라고 했습니다.

한국은 독립과 전쟁을 경험하고도 세계사에 유례가 없을 만큼 짧은 기간에 급속한 경제성장과 민주주의의 진전을 이루었습니다. 코소보도 독립투쟁의 역사를 발판 삼아 독립 영웅들이 흘린 피의 역사가 숭고한 민주주의 정신으로 흘러 민주주의 꽃으로 영원히 피어나길 바랍니다.

코소보의 독립에 대한 역사적 진실을 마주할 수 있도록《프레카즈(PREKAZ), 용감한 자들의 유산-그는 살아 있다》을 집필해주신 디브란 퓔리(Dibran Fylli) 시인에게 한국 독자를 대신하여 감사를 전합니다. 한국 독자들이 균형된 시각으로 코소보 독립의 진실을 마주하길 기대합니다.

# Face the truth of Kosovo's independence from a balanced perspective

Yang Geum-hee(Former Professor for Special Affairs, Jeju International University)

It is with great pleasure that I introduce to Korean readers Prekaz a legacy of the brave - He is alive (chronology), a biography of Kosovo's independence heroes who fought and fell for freedom.

Kosovo, located in the Balkan Peninsula of Europe, is a country largely unfamiliar to Korean readers. This unfamiliarity is heightened by the fact that Korea and Kosovo have yet to establish formal diplomatic relations.

However, if we look for commonalities between the two nations, Korea, too, achieved independence through the sacrifices and struggles of independence fighters during the Japanese colonial period. Furthermore, Korea experienced the tragedy of civil war during the Korean War, which left indelible scars on the nation.

Given Korea's own history of struggles for independence, I believe Korean readers will deeply resonate with the story of Kosovo's independence heroes and their fight for freedom.

As stated in Letters from Drenica, which affirms its grounding in historical evidence without exaggeration, I hope the story of Kosovo's independence heroes will provide Korean readers—who may find Kosovo unfamiliar—with an unembellished and truthful portrayal of "the legacy of the brave."

Dibran Fylli, the poet behind this work, writes:

"The symphony of resistance, composed of the gunfire and songs of the brave, resonated as the roots and pinnacle of our struggle for freedom. This spirit preserved the Albanian tradition of freedom-loving ideals and inspired Albanians to live as free and sovereign beings in their homeland. Adem Jashari's indomitable spirit instilled a new philosophy and consciousness in Albanians about life, homeland, freedom, honor, and national dignity. His courageous sacrifice provided powerful momentum for the mobilization, structuring, and transformation of the Kosovo Liberation Army. His spirit remains alive and will endure until the end of time."

Korea, despite its experience of colonization and war, achieved unprecedented economic growth and democratic progress in a remarkably short period. Similarly, I hope Kosovo will build on its history of independence struggles, allowing the sacrifices of its independence heroes to blossom into a flourishing democracy and uphold its noble democratic ideals forever.

I extend my gratitude, on behalf of Korean readers, to poet Dibran Fylli for writing Prekaz a legacy of the brave - He is alive (chronology), which enables us to confront the historical truth of Kosovo's independence. I hope this book will allow Korean readers to engage with the truth of Kosovo's independence from a balanced perspective.

# 코소보 해방군의 영웅적인 활약에 존경을…

이 혜 선 (한국세계문학협회 회장)

먼저 《프레카즈(PREKAZ), 용감한 자들의 유산-그는 살아 있다》의 한국어판 출간을 축하드립니다.

조국 코소보의 독립을 위해 대대로 목숨을 바쳐 투쟁하고 희생을 바친 프레카즈(PREKAZ)의 자샤리 가문과 코소보 해방군의 영웅적인 활약에 존경과 애도를 바칩니다.

우리 대한민국도 이웃 국가의 침략으로 36년간 식민지 기간을 지낸 경험이 있기에 코소보 해방군과 국민들의 독립을 향한 열망은 남의 나라 일 같지가 않습니다.

코소보가 2008년 독립선언을 한 이후로 유엔 회원국들 중 대다수인 110여 국이 코소보의 독립을 인정하고 있습니다. 그렇지만 앞으로 유엔 등 국제기구의 정식 회원국이 되기 위해서는 더 많은 노력이 필요할 것입니다. 하지만 멀지 않아 코소보 국민들이 원하는 모든 것을 다 이루고 세계 모든 나라들로부터 정식으로 인정받고 분쟁도 사라지는 명실상부한 독립국의 지위를 차지하게 될 것으로 믿고 응원합니다.

폭력과 공포로부터 나라를 해방시키기 위해 끊임없이 노력하고, 대대로 생명을 바쳐온, 영원히 살아 있는 영웅들인 자샤리 가문과 코소보 해방군(KLA) 의 활약에 다시 한번 감사와 존경을 바치며, 코소보가 하루빨리 완전한 독립과 완전한 평화를 찾아 누리며 모든 국민이 행복한 삶을 영위하게 되기를 두 손 모아 기원합니다.

　이렇게 훌륭한 디브란 필리(Dibran Fylli) 작가의 저서를 번역하고 출간하여 한국 국민에게 소개해주시는 양금희 교수님의 노고에 독자를 대신하여 감사드립니다.

2025년 2월

**이혜선**
한국세계문학협회 회장, 문학박사, 시인, 문학평론가. 전 동국대학교 외래교수

# Respect for the heroic performance of the Kosovo Liberation Army...

Lee, Hye Seon

First of all, congratulations on the publication of the Korean edition of 'Prekaz: A Legacy of the Brave – He Is Alive (Chronology)'

I would like to express my deepest respect and condolences to the Adem Jashari family of Prekaz, who have dedicated generations of their lives to the independence of their homeland, Kosovo, and to the heroic efforts of the Kosovo Liberation Army (KLA).

As a nation that endured 36 years of colonial rule due to invasion by neighboring powers, South Korea can deeply empathize with the aspirations of the people and the Kosovo Liberation Army in their fight for independence. Since Kosovo declared independence in 2008, over 110 United Nations member states have recognized it as an independent nation. However, further efforts will be required for Kosovo to gain full membership in the UN and other international organizations.

Nevertheless, I firmly believe and wholeheartedly support the people of Kosovo in their journey toward achieving full international recognition and eliminating all disputes to establish themselves as a truly independent state. I am confident that they will soon fulfill all their aspirations.

Once again, I pay tribute to the Jashari family and the KLA, the eternally living heroes who have tirelessly and sacrificially fought to free their country from violence and fear. I sincerely pray that Kosovo will soon attain complete independence, enjoy lasting peace, and provide a happy and prosperous life for all its citizens.

Lastly, I extend my heartfelt gratitude to Professor Yang Geum-Hee for her efforts in translating and publishing this outstanding work by the talented author Dibran Fylli, and for introducing it to the Korean public on behalf of all readers.

Poetess Dr. Lee, Hye Seon

President of the Korean Association of World Literature, Doctor of Literature, Poet, and Literary Critic. Former visiting professor at Dongguk University

# 영웅을 기록하는 데 기울인 노고와 헌신에
# 깊은 감사를 표합니다

안젤라 코스타 (시인, 언론인, 편집자)

　　알바니아 국민의 전설적인 영웅 중 한 명인 아뎀 자샤리 (Adem Jashari)의 삶을 담은 역사서《프레카즈 연대기, 용감한 자의 유산 - 그는 살아 있다》을 출판해 주신 것과, 가장 뛰어난 영웅 중 한 명을 번역하는 데 기울인 노고와 헌신에 깊은 감사를 표하고 싶습니다. 코소보의 최근 역사에서 일어난 중요한 사건들과 고통스러운 페이지를.

　용기와 희생의 상징인 아뎀 자샤리의 모습은 미래 세대에게 희망의 불빛이 됩니다. 코소보 전쟁 당시 알바니아 인민이 겪은 억압과 집단 학살에 맞선 그의 투쟁과 리더십은 저항과 존엄의 사례입니다. 알다시피, 1999년 세르비아 군이 코소보의 알바니아계 주민을 잔혹하게 공격하던 당시 (자샤리 가족 52명이 학살당했습니다. 그의 가족 전체가 세르비아 군대와 경찰에 저항하다 영웅적으로 쓰러졌습니다) 야만적인 방식으로 학살당했습니다. 이런 폭력 행위는 우리 민족에게 고통과 파괴의 시기에 일어났던 수많은 전쟁 범죄 중 하나일 뿐입니다.

코소보 사람들이 겪은 대규모 집단학살로 인해 수천 명이 사망하고 수만 명이 집을 잃었으며 이는 결코 잊혀서는 안 될 비극입니다. 한국에서 이러한 사건을 기록한 책을 출판하는 것은 목숨을 잃은 사람들의 기억을 기리는 것뿐만 아니라, 발생한 범죄에 대해 전 세계를 교육하여 그러한 잔혹 행위가 다시는 반복되지 않도록 하는 것입니다.

과거의 잔혹 행위를 기념하는 것을 종종 잊어버리는 세상에서 역사적 기억을 살려두는 것은 고통받은 사람들에게 정의를 베풀 뿐만 아니라 미래 세대가 평화, 관용, 정의의 중요성을 이해하도록 하는 데 필수적입니다. 그리고 여러분은 이 역사책을 번역하고 출판함으로써 그 목표를 달성했습니다.

아뎀 자샤리와 코소보 대량 학살 희생자들의 역사를 밝혀내고, 오늘날 우리가 그들의 희생 덕분에 자유를 누리고 있음을 모든 순교자들에게 전하는 목소리입니다. 이 역사적이고 훌륭한 책에 대한 여러분의 작업이 전 세계 사람들에게 계속해서 영감을 주고 관심을 불러일으키기를 바랍니다. 그리하여 평화, 정의, 인권 존중에 대한 우리의 헌신이 결코 사라지지 않기를 바랍니다.

**안젤라 코스타**
MIRIADE Magazine의 대표이사, 학자, 저널리스트, 작가, 시인, 수필가, 문학 평론가, 편집자, 번역가

# Thank you very much for your hard work and dedication in recording the hero

Angela Kosta

I would like to express my deepest gratitude for publishing the historical book, Prekaz: A Legacy of the Brave – He Is Alive (Chronology), which recounts the life of Adem Jashari, one of the legendary heroes of the Albanian people. I also commend your dedication and effort in translating one of the most painful and significant chapters of recent Kosovar history into a global context.

Adem Jashari's figure stands as a symbol of courage and sacrifice, serving as a beacon of hope for generations to come. His leadership and unwavering resistance against the oppression and genocide endured by the Albanian people during the Kosovo War exemplify the spirit of resilience and dignity. As history remembers, in 1999, during the brutal offensive by Serbian forces against the Albanian population of Kosovo, 52 members of the Jashari family were massacred. Heroically resisting the Serbian military and police forces, his entire family fell in a barbaric manner. This act of violence is one among countless war crimes that marked a period of immense pain and devastation for our people.

The widespread genocide suffered by the Kosovar people—resulting in thousands of deaths and the displacement of tens of thousands—is a tragedy that must never be forgotten. The publication of this book in South Korea not only honors the memory of those who lost their lives but also serves as a powerful reminder to the world of the atrocities that occurred. It is through such efforts that we can ensure these crimes are never repeated.

In a world that too often forgets the lessons of the past, it is crucial to preserve the historical memory of such events. By doing so, we not only pay justice to those who suffered but also educate future generations on the importance of peace, tolerance, and justice. Through the translation and publication of this significant work, you have undoubtedly achieved this noble goal.

I am deeply thankful to you, to the author Dibran Fylli, and to the Kosovar people for your contribution in bringing to light the story of Adem Jashari and the victims of the Kosovo genocide. You have given a voice to the martyrs whose sacrifices have paved the way for the freedom we cherish today.

I sincerely hope that your efforts in this historic and monumental project will continue to inspire and awaken the world. May it serve as a timeless reminder of our collective commitment to peace, justice, and the unwavering respect for human rights.

Angela Kosta

Executive Director of MIRIADE Magazine, Academic, journalist, writer, poet, essayist, literary critic, editor, translator, promoter

## 서문

## 축사

## 코소보 프레카즈(PREKAZ) 연대기

프레카즈(PREKAZ), 용감한 자들의 유산
- 그는 살아 있다

## 프레카즈(PREKAZ) 연 대 기

### 프레카즈(PREKAZ)
### 용 감 한
### 자 들 의 유 산
### -그는 살아 있다

1993년 4월 5일, 아뎀 자샤리(Adem Jashari)의 집에서 중요한 회의가 열렸다. 아뎀 자샤리
(Adem Jashari)의 무장 조직 구성원들 외에도 여러 정치 활동가들이 이 회의에 참석했다. 이
회의에서는 아뎀 자샤리(Adem Jashari)의 군사 조직을 확장하고, 코소보에서 실행되는 작전
들이 코소보 군의 이름으로 수행되어야 한다고 제안했다. 이 회의에서 아뎀 자샤리(Adem
Jashari)는 코소보 군 사령관으로 임명되었다. 이미 세르비아 경찰 병력에 대한 공격은 조정
되고 있었으며, 이러한 조정, 확장, 무장 단체의 재구성을 통해 1993년에 코소보 해방군이 창
설되었다.

# 드레니차(DRENICA), 알바니아 저항의 영토

이 용감한 자들의 지역은 고대에 클라포트니크(Klapotnik)로 알려져 있었다. 이 이름이 언급될 때마다, 영광스러운 민족 역사와 드레니차의 이름이 떠오른다. 이 지역은 항상 적에게 악몽과 같은 존재였으며, 자유와 민족 독립을 위한 저항이자 알바니아인의 인내와 동의어가 된 용감한 사람들의 보금자리였다.

역사에서 드레니차는 무장 침략자에 맞서 저항한 알바니아 저항의 영토로 남아 있다. 코소보 전투(1389)에서부터 지금까지, 이 지역에서는 해방과 민족 독립을 위해 무기와 펜을 들고 싸운 사람들이 나왔다. 코소보 전투에서 스켄데라이의 코필리치(Kopiliç of Skënderaj) 출신의 멜레쉬 니콜라스 코필리치(Melesh Nicholas Kopiliçi)는 술탄 무라드 1세에 치명상을 입혔다. 드레니차는 적에게 공포를 안겼다. 술탄조차 이스탄불에서 안정을 찾지 못했다. 발칸과 유럽 전체가 평온해졌지만, 드레니차에는 완전한 터키 지배가 이루어지지 않았다. 1891년에 지배를 시도했을 때도 실패했다. 라우샤, 폴라츠, 프레카즈 사이에 있던 하미디예 사라이(Hamidije Saray)는 완전히 무너졌고, 카이메캄과 그의 모든 관료들은 하룻밤 만에 드레니차에서 추방되었다.

드레니차는 코소보 평야, 동쪽의 골레쉬와 큐차비차, 남쪽의 카랄레바 산맥, 북쪽의 모크나 산, 서쪽의 두카지니 사이에 있는 구릉지대를 포함한다. 드레니차는 100개 이상의 마을로 이루어진 집합적인 지리적 영토를 형성하며, 행정적으로는 여러 시 중심으로 분할되어 있다. 그 마을들은 스켄데라이, 글로고바츠, 클리나, 리프얀, 부슈트리, 말리셰바 등의 여러 자치구에 속해 있다. 세르비아 지배는 이 지역을 '말벌의 둥지'라고 부르며 두려워했다.

세르비아 지도자와 학자들의 사무실에서 알바니아인 추방과 절멸에 대한 여러 계획들이 논의되었을 때, 드레니차는 현지 인구(알바니아인)를 추방해야 할 가장 위험한 장소로 지정되었다. 알렉산더 왕 자신도 이 지역을 완전히 파괴할 것을 제안했다. 세르비아 정권은 드레니차의 마지막 마을을 불태우고, 마지막 아이를 죽이면 알바니아 문제를 영원히 해결할 수 있다고 믿었다.

### 아젬 갈리차(AZEM GALICA)의 맹세

1915년 봄, 아젬 갈리차는 자신의 전투 부대를 결성하기로 했다. 두 명의 형제와 주변 마을에서 모인 몇몇 남성들과 함께 갈리차에 모였고, 수백 년 된 나무(오크 묘석)의 그늘에서 식탁을 차리고 둘러앉았다. 어머니 셰리페는 상자 깊숙이 보관해 두었던 민족기를 꺼내어 잘 펼친 후 테이블 위에 놓았다. 전사들은 왼손을 가슴에 얹고 오른손을 깃발에 얹으며 만장일치로 맹세했다. "우리는 이 신성한 깃발에 맹세합니다. 우리가 살아 있는 한 이 땅의 자유를 위해 싸울 것입니다. 우리는 코소보를 위해 목숨을 바치겠다고 맹세하고 다짐합니다."

이 그룹은 나중에 '코소보 무장단체의 모체'로 알려졌으며, 즉시 군사 행동을 시작했다. 이렇게 하여 드레니차의 헌병들과 스파이들에게 두려운 날들이 시작되었다. 이 그룹은 13년 동안 70번 이상의 성공적인 전투를 벌이며 승리를 거두었다.

## 사령관 샤반 팔루자(SHABAN PALLUZHA)

1945년 드레니차 전쟁이 시작될 때, FBLÇBK(코소보 알바니아 해방군)의 최고 사령관 샤반 팔루자는 다음과 같이 말했다.

"알바니아에서의 공산주의 지배, 슬라브족과의 동맹, 그리고 동방과의 결속은 사실상 최근 민족 역사에서 가장 큰 손실을 가져온 치명적인 사건 중 하나이다."

1945년 드레니차 전쟁의 특성에 대해 미국 언론은 명확히 밝혔다.

"용맹한 드레니차는 샤반 팔루자와 메흐메트 그라디차의 전사들 지휘 아래 유고슬라비아 군대와 공산주의 이념에 맞서 전쟁을 선포했다. 이는 알리 파샤의 지휘하에 야니나 파샬리크가 오스만 제국에 전쟁을 선포한 것과 같았다."

# 드레니차(DRENICA), 자유의 기수

프리슈티나 동맹 시기부터 20세기 말까지, 거의 중단 없이 알바니아인들의 자유를 위한 봉기가 계속되었다. 알바니아인들은 때로는 적게, 때로는 많은 인원이 외세 침략자들에 맞서 무장 저항을 벌였다. 무장봉기는 주로 드레니차 고지대에서 시작되어 랍(Llap), 골락(Gollak), 길란(Gjilan), 자코바(Gjakova), 페야(Peja), 루고바(Rugova), 프리슈렌(Prizren), 그리고 다른 지역으로 확산하였다. 봉기의 선봉에는 하산 프리슈티나, 바이람 추리, 이사 볼레티니, 아흐메트 델리아 등 당시의 지도자들이 있었다.

드레니차는 해방자들의 보금자리였으며, 특히 애국자이자 투사의 상징인 아흐메트 델리아의 타워 하우스는 나라의 해방자들에게 항상 열려 있었다. 아흐메트와 그의 아들 무르셀은 많은 친구들과 무장 동지들과 함께 민족운동의 지도자들을 맞이하고, 그들의 집에서 침략자들에 대한 전반적인 민족 봉기에 대해 논의했다. 1912년, 아흐메트 델리아의 프레카즈 타워 하우스에서 이전과 마찬가지로 드레니차의 모든 지도자들이 하산 프리슈티나와 만났다. 하산 프리슈티나는 터키 의회가 알바니아 의원들의 요구를 받아들이지 않았으며, 이스마일 케말리가 전반적인 봉기를 지지하고 있다는 의견을 전달했다.

이 회의에서 드레니차의 모든 지도자들은 하산 프리슈티나와 이스마일 케말리의 입장과 결정을 지지했다. 용맹한 프레카즈에서 열린 이 회의에서 드레니차의 용사들은 명예의 서약(베사)을 맹세하며 조국의 자유를 위해 모든 것을 바치겠다고 다짐했다.

드레니차의 지도자들은 프레카즈에 있는 아흐메트 델리아의 집에서 모여 주니크 회의에 그들의 대표들을 보냈으며, 이 회의에는 코소보, 디브라, 슈코드라, 알바니아 남부 지역의 모든 지도자들이 모였다. 이 회의에서는 민족적 요구 사항을 담은 프로그램이 통과되었고, 알바니아 봉기는 전반적인 민족 봉기의 진정한 의미가 되었다.

알바니아 반군의 지속적인 압박으로 인해 터키군은 알바니아 영토에서 철수할 수밖에 없었으며, 이 철수는 1912년 11월 28일 알바니아 독립 선언으로 이어졌다.

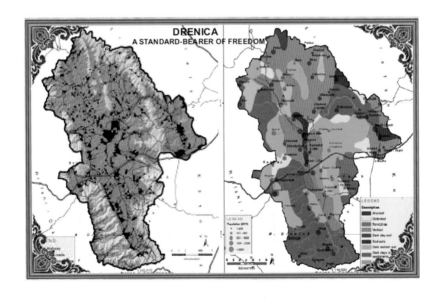

　반면, 가장 부당한 방식으로, 그리고 모든 국제 원칙에 반하여, 유럽의 강대국들은 알바니아 국가의 주권과 영토적 통합을 침해하며, 세르비아와 몬테네그로 같은 이웃 국가들에게 알바니아 영토를 나누고 병합할 '권리'를 인정했다. 알바니아인들은 무장 저항을 계속할 수밖에 없었고, 그들의 땅을 지키기 위해 싸웠다. 한편, 슬라브족 침략자들은 저급한 확장 주의적 욕망에 자극받아 알바니아 주민들을 학살하고 공포에 빠뜨리며 저항을 억누르고 그들을 쫓아내기 위해 잔혹한 행위를 저질렀다. 이는 코소보의 인구 구조를 변화시키기 위한 후속적인 인종 청소를 목표로 했다. 그 뒤에는 코소보에 세르비아와 몬테네그로 이주민들을 정착시키려는 세르비아 당국의 숨겨진 목적이 있었으며, 이러한 정책은 20세기 말까지 다양한 형태로 계속되었다.

# 고대 타워 하우스
## ANCIENT TOWER-HOUSES

    드레니차의 타워 하우스는 다른 지역의 알바니아 타워 하우스들과 마찬가지로, 시민적·민족적·교육적 의식을 고취시키고, 자유를 사랑하는 정신과 알바니아 전통에 대한 신념을 지키는 데 중요한 역할을 했다. 전설적인 타워

에민 라티(Emin Lati)의 타워 하우스

의 터전에서 민족 자유에 대한 불꽃이 피어났다. 수 세기 동안 이 타워 하우스들은 전통을 보존하고, 알바니아인들이 그들 영토에서 자유롭고 주권적인 존재로 살도록 영감을 주었다.

네비 메하(Nebih Meha)의
타워 하우스의 터전(1981년 5월)

샤반 야샤리(Shaban Jashari)의
전설적인 타워 하우스 (1998년 3월)

# 타워 하우스 불멸화의 세 단계
## THREE STAGES OF IMMORTALIZATION OF TOWER-HOUSES

드레니차의 첫 알바니아어 교과서에 나온 타워 하우스

역사를 통틀어 수많은 예를 지닌 요새
화된 타워 하우스들.

자유를 위한 영웅적 희생을 통해 불멸
화된 전설적인 타워 하우스들. 수 세기 동
안의 생생한 역사를 보존하는 타워 하우
스 박물관들.

다른 타워들과 비교해 볼 때, 타히르 메
하의 타워 하우스는 오소 쿠카의 화약 타
워와 알리 파샤 테펠레나, 하지 제카, 아
흐메트 델리아, 샤키르 스마카, 아젬 베이
테 갈리차, 샤반 팔루자, 메흐메트 그라디
차, 샤반 야샤리 등의 지도자들이 소유했
던 타워들과 마찬가지로 당당히 서 있다.
또한 드레니차의 수십 개의 다른 타워 하
우스들과도 견줄 수 있다.

아흐메트 델리아(Ahmet Delia)의 타워 하우스

타히르 메하(Tahir Meha)의 타워 하우스

# 에민, 네비, 타히르 메하의 타워-하우스
## TOWER-HOUSES OF EMIN, NEBIH AND TAHIR MEHA

이 타워는 전설적인 지휘관 아뎀 야샤리의 타워-하우스를 포함한 다른 저

항 타워들과 함께 역사에 이름을 남겼으며, 그 가운데에서 국가와 고향의 자

세 대에 걸친 타워(에민, 네비, 타히르 메하)

아젬(Azem)과 쇼테 갈리차(Shotë Galica)　　　샤키르 스마카(Shaqir Smaka)

유를 위한 전사들을 배출했다. 이 타워의 기초는 타히르 메하의 조상들, 메하 1세의 전임자들로부터 시작되었다.

　이 타워는 처음에는 아키프 투르굿 파샤의 군대에 의해, 이후에는 세르비아의 헌병에 의해 불타는 불운을 겪었다. 메하 1세의 타워-하우스가 불타고 다시 재건된 후, 메하 타워는 다시 세르비아에 의해 불탔다. 에민 라티와 친구들은 전설의 타워를 다시 한번 재건하기로 결심했다. 1913년에 메하 타워를 짓기 위한 공사가 시작되었고, 1916년 봄, 이 타워의 준공식은 에민 라티의 전우들인 샤키르 스마카, 아젬 베이타, 메흐메트 델리아, 파즐리 베라니, 리팟 반이스카, 샤반 망졸리, 무르셀 델리아, 제메 테르나브치, 할리트 바야라미, 바야람 제나, 림 케리미와 수십 명의 다른 전우들에게 축제의 장이 되었다. 수십 명의 고위 국가 인사들이 이 타워에서 중요한 국가 결정을 내렸다.

샤반 팔루자(Shaban Palluzha)　　　　　에민 라티(Emin Lati)

　이곳에서 아젬 베이타, 메흐메트 델리아, 샤반 팔루자, 메흐메트 그라디차, 샤반 야샤리와 두 아들 같은 용맹한 이들이 고국의 운명을 결정했다. 에민 라티의 타워-하우스는 이제 샤반 팔루자의 전우였던 네비 메하에게 속하게 되었으나, 1945년에 유고슬라비아의 체트니크 공산주의자들에 의해 다시 불탔다. 그러나 메하 가문에 의해 다시 재건되었으며, 유고슬라비아 공산주의 당국에 의해 원래의 건축적 모습으로 재건되지 못했다. 1981년 5월 13일, 이 타워-하우스는 타히르 메하에게 속한 상태에서 세르비아-슬라브 정권에 의해 다시 불탔으며, 타히르 메하의 전설적인 타워-하우스로 자리매김했다.

# 프레카즈(PREKAZ) - 저항의 장소
## 아흐메트 델리아(AHMET DELIA) 와 도끼 전투

파시치의 경찰이 드레니차의 여러 마을에서 탄압을 시작하자, 아흐메트 델리아는 세르비아의 의도를 깨닫고 드레니차의 지도자들을 자신의 탑에 모으고 전사들과 함께 그들의 베사를 다시 맹세했다. 1913년 1월 초, 세르비아

아흐메트 델리아의 탑집

아흐메트 델리아(Ahmet Delia),
드레니차 지역의 민중 전사

무르셀 델리아(Mursel Delia),
아젬 갈리차(Azem Galica)의 전우

경찰의 폭력적인 범죄 행위가 드레니차 사람들을 향해 고리를 조여 오고 있
었다. 그들은 자신의 땅과 알바니아 민족을 지키기 위해 목숨을 아끼지 않기
로 맹세하며, 형제, 이웃, 마을을 지키기 위해 결연히 저항하기로 다짐했다.
아흐메트 델리아의 돌집에서 베사를 맹세한 지 며칠 후, 13명의 세르비아 경
찰이 프레카즈로 향해 두세 가구를 약탈하며 테러를 일삼고 있었다. 이 소식
은 아흐메트 델리아에게 전해졌다. 그는 전사들을 소집했지만 그들을 기다
리지 않고 단독 행동에 나섰다. 그는 단호하고 빠르게 도끼를 집어 들고 아들
무르셀에게 이웃을 보호하자고 외쳤다. 아흐메트와 그의 아들 무르셀은 주
저하지 않고 이웃을 돕기 위해 도끼를 들고 나섰다.

마당 입구에서 그들은 세르비아 경비병과 마주했고, 그곳에서 체트니크의

총과 아흐메트 델리아의 도끼 사이에 전투가 시작되었다. 아흐메트 델리아는 세르비아 경비병을 쓰러뜨리고 무르셀은 마당 안으로 들어가 세르비아인의 소총을 빼앗아 사용하여 몇몇 경찰을 사살했다. 아흐메트 델리아는 탑을 습격했다. 계단 입구에서 또 다른 경찰과 맞닥뜨리자 아흐메트는 도끼로 그를 공격했다. 전투는 치열했다. 그 사이 아흐메트는 중상을 입었고 프레카즈의 다른 전사들인 람 이슬라미, 젤라딘, 제툴라, 하이레딘과 다른 용감한 총사들이 그 장소를 포위했다. 조국을 지키기 위해 베사를 맹세한 이들의 영웅적인 저항 속에서 아흐메트 델리아는 자유의 제단에 쓰러졌고, 경찰 파견대는 12명이 사망하고, 유일하게 요반이라는 자만이 도망쳤다.

드레니차에서 조국 해방을 위한 전투 조직은 절대 중단되지 않았다. 해방을 위한 노력은 용감한 지도자 샤키르 스마카의 지도 아래 계속되었고, 그의 죽음 후에는 아젬과 쇼테 갈리차가 운동을 이끌었다. 민족 해방 저항 활동을 하는 동안 아흐메트 델리아의 아들 무르셀은 아젬 베이타 갈리차 그룹에서 가장 두드러진 전사 중 한 명이었으며, 그의 가장 신뢰받는 사람이었다. 무르셀은 한순간도 총을 내려놓지 않았다. 그는 1930년 스코페의 한 병원에서 의문의 죽음을 맞았다. 무르셀의 유일한 상속자인 아들 제넬도 현재는 생존해 있지 않다. 아흐메트 델리아의 모든 활동은 조국 해방을 위한 것이었다.

# 타히르 메하(TAHIR MEHA)[1]
## 세르비아(SERB) 점령자를 무찌른 5월 13일의 용사

조국을 위한 아뎀 자샤리(Adem Jashari)의 선구자이자 굳건한 용사, 타히르 네비 메하(Tahir Nebih Meha)는 1943년 10월 10일 드레니차의 프레카즈에서 태어났다. 그는 알바니아 민족주의의 진정한 상징이었다. 그의 아버지 네비(당시 71세)와 함께, 타히르는 1981년 5월 13일 자신의 조상 탑집을 유고슬라비아 점령자들의 무덤으로 만들었다. 타히르의 할아버지 에민 라티는 아젬 베이타와 함께 코소보 민족운동의 일원으로 활약했던 인물로, 예리한 시선과 결단력을 가진 전사였다. 아젬 베이타가 1924년 6월 14일 암살된 후, 에민은 아젬의 소총을 자랑스럽게 간직했고, 1941년 그의 아들 네비에게 넘겨주어 그가 알바니아 민족 방어군에서 존경받는 인물이 되도록 했다. 네비의 손에 쥔 아젬 베이타의 총은 드레니차 전쟁에서 샤반 팔루자의 지휘 아래 중요한 역할을 했으며 타히르 메하 역시 그 길을 이어갔다.

### 1981년 5월 13일[2]

당시 코소보 전역에서 세르비아 점령자들에 의해 수십 년, 수 세기 동안 억

---

1   Prof. Dr. Muhamet Pirraku /Tahir Meha's gun opened the way of freedom / 2007
2   Mehmet Bislimi / This is called Drenica / Monograph, 2004

네비 메하(Nebih Meha)

타히르 메하(Tahir Meha)

압받아 온 수많은 사람들이 자유와 권리를 요구하며 일어섰다. 자유를 위해 싸우는 청년들이 많았고, 그들의 죽음은 수천 명의 새로운 사람들을 각성시켰다. 학생, 노동자, 농민, 교사, 연금 수령자까지 모두가 일어났다. 타히르 메하의 총성과 그들의 목소리는 유고슬라비아의 점령 체제를 흔들었다. 드레니차에서는 영웅적인 저항이 반복되었다.

타히르 메하는 오소 쿠카가 그랬듯이 자신의 탑에서 방어 태세를 갖추고, 유고슬라비아 점령군에게 알바니아 땅이 쉽게 정복되지 않음을 보여주었다. 1981년 5월 13일은 유고슬라비아 민병대 창립 기념일이었고, 세르비아 비밀 경찰 UDB는 이날 타히르 메하를 생포함으로써 승리를 자축하려 했다. 하지만 이들의 계획은 타히르 메하와 그의 노부의 총에 의해 좌절되었다. 그들의 저항으로 인해 세르비아 점령군은 드레니차 전장에서 막대한 군사 장비와 수천 명의 군인 및 민병대를 동원해야 했다. 탱크와 헬리콥터까지 동원된 대대적인 작전이 펼쳐졌지만 타히르와 그의 아버지는 끝까지 저항했다.

타히르와 그의 아버지는 무려 20시간 동안 군사 장비와 맞서 싸웠다. 타히르는 싸우는 동안 "오, 나의 알바니아여, 네가 끝났다고 말하지 마라!"라고 노래하며 싸웠고, 그 노래는 마치 총알처럼 적들을 쓰러뜨렸다. 이 전투는 당시 유고슬라비아에 가해진 가장 큰 타격 중 하나였다. 타히르 메하와 그의 아버지는 세르비아 침략자들의 군사 전략과 가면을 벗겨냈으며, 유고슬라비아 공산주의 시스템의 '평등'이라는 가식을 무너뜨렸다. 타히르의 저항은 알바니아인들에게 용기와 힘을 주었고, 세르비아 침략자들에 맞서 싸울 준비를 하게 했다.

타히르 메하의 총성은 5월 13일을 침략자들에게는 패배의 날로, 알바니아인들에게는 자유와 용기의 상징으로 만들었다. 그는 명예나 명성을 위해 싸운 것이 아니었다. 그의 이름과 명성, 노래와 역사는 그의 탑집에서 자연스럽게 태어났다. 타히르의 할아버지 에민 라티는 아젬 베이타의 전우였고, 그의 아버지 네비는 샤반 팔루자와 함께 싸웠으며, 타히르의 형제 베키르는 코소보 해방군(KLA)의 일원이 되어 조국을 위한 자유의 순교자가 되었다.

# 자샤리 가문
## 자유의 성전


　6세대 전에, 자샤리, 메하, 카드리우 세 형제는 드레니차의 프레카즈에 세 개의 마을을 만들었다. 이 마을은 민족의 근현대사에서 가장 유명한 마을 중 하나로 자리 잡았다. 그중에서 가장 나이가 많은 형제의 이름을 따서 불리게 된 자샤리 가문은 1998년 3월 5일 숭고한 희생으로 코소보의 자유를 향한 길을 연 가문으로 역사에 남게 되었다.

　이 가문은 4세대, 5세대, 6세대에 이르기까지 수 세기 동안 꿈꿔온 자유를 상징하게 될 것이다. 지혜로운 노인이었고 산악 해방의 스승이었던 샤반 자

자샤리 전설의 탑

샤리는 그의 아들 함자와 아뎀, 그리고 손주들과 함께 피르써 프레카즈에 코소보 자유의 탄생지를 세웠다. 자샤리 가문이 역사에 남긴 모든 영예와 애국심 속에서, 아뎀 자샤리는 새로운 민족 역사를 시작하는 핵심 인물이 된다.

### 자샤리 가계도(THE JASHARI FAMILY TREE)

자샤리 가문 1세대의 세 아들 중, 셋째 아들 무라트가 전설적인 지휘관 아뎀 자샤리의 조상이다. 이후 자샤리 가문은 파즐리우, 무라티, 샤반으로 이어졌으며 리팟, 함자, 그리고 아뎀이 태어났다. 샤반 자샤리의 아들들은 자샤리 가문의 5대손이며 리팟, 함자, 아뎀 세 형제는 6대손에 해당한다.

무라트라는 이름은 자샤리 가문의 여섯 세대에 걸쳐 세 번이나 이어졌다. 무라트는 동생을 대신해 리틀 플레메에서 군 복무를 하러 갔고, 그 후 다시 돌아오지 않았다. 당시 무라트는 오직 한 명의 아들 파즐리를 남겼는데, 파즐리는 명예롭게 성장하고 교육을 받았다. 파즐리 역시 그의 아버지처럼 오직 한 명의 상속자를 두었고, 그 상속자는 그의 아버지 이름을 따서 '무라트'라 불렀다.(이 무라트는 전설적인 지휘관 아뎀 자샤리의 할아버지이다.)

무라트는 그 후손들처럼 같은 운명을 따랐다. 그에게도 오직 아들 샤반이

자샤리 가문, 자유의 성전

있었다. 샤반은 자히데와 결혼하였으며 슬하에 리팟, 함자, 아뎀 세 아들과
다섯 딸 하바, 질라, 조야, 카밀레, 할리메를 두었다.

# 샤반 자샤리(1924-1998)

어린 시절부터 샤반 자샤리는 매우 영리하고 타고난 재능을 지닌, 천부적인 능력과 기지가 뛰어난 사람이었다. 당시 코소보에는 젊은이들을 위한 고등학교나 대학교가 없었으나, 샤반은 메드레세(이슬람 종교학교)를 졸업하고 군복무를 마친 후 교사 과정을 성공적으로 이수했다. 그 후, 샤반 자샤리는 당대 최초의 지식인으로 드레니차에서 교사로 일하기 시작했다. 시대의 어려움과 세르비아 정권이 알바니아 교육을 어둠 속에 두려 했음에도 불구하고,

알바니아의 샤반 자샤리와 그의 아들 아뎀(왼쪽)과 함자(오른쪽)

샤반 자샤리는 1949년부터 1952년까지 테르데프크(Tërdefc), 아브리(Abri), 프레카즈(Prekaz), 클라인(Kline), 프렐로포크(Prellofc), 스켄데라지(Skenderaj) 등의 마을에서 교사로 일했다. 알바니아 학교를 억제하려는 세르비아 당국은 교사 샤반을 체포하여 스칸데르베그, 국기, 알바니아에 대해 가르친 그에게 이 신성하고 애국적인 임무를 금지했다. 그가 학교에서 가르치지는 일을 못하게 했지만 그들의 자녀와 손자들을 가르치는 것을 막을 수는 없었다. 감옥에 갇히고 교실에서 강제로 퇴출당하였지만 그는 '드레니차 산지의 해방 교사'라는 별명을 얻게 되었다.

1981년, 샤반 자샤리는 그의 아들 함자와 아뎀과 함께 네비 타히르 메하의 장례식을 주관하였다. 같은 해, 샤반 선생은 알바니아 영토의 해방과 재통일을 맹세하고 자이머 레시(Zymer Rreci)와 함께 저항 세력을 결성했다. 1991년 12월 30일, 샤반의 탑집이 공격받았고, 당시 프레카즈 전체가 세르비아 군대와 경찰의 감시 아래에 있었다. 이때에도 샤반 자샤리는 그의 탑집에서 굳건히 자리를 지켰다. 1998년 1월 22일 새벽, 사냥 탄약 공장에서 약 500미터 떨어진 자샤리 가문의 집 주변에 세르비아 경찰이 배치되었고, 샤반 자샤리의 탑집을 다양한 무기로 공격하기 위해 움직였다. 아뎀 자샤리가 부재중이었던 그날 밤 세르비아 경찰의 공격은 샤반과 함자, 그리고 손자들의 저항에 부딪혔다. 집은 온갖 종류의 무기로 공격받았다. 샤반과 함자, 그리고 손자들의 저항이 매우 강력하여 세르비아 군대는 물러설 수밖에 없었다. 그러나 샤반의 두 손녀, 일리리아나와 셀베테가 다쳤다. 세르비아군이 철수한 지 몇 시간 후, 많은 사람이 프레카즈로 향했고 그들은 노인 샤반 자샤리의 환대를 받았다.

세르비아 경찰은 오랫동안 자샤리 가문을 주시해 왔다. 1998년 3월 5일 새

1998년 3월 5일부터 7일까지 공격 받은 후의 자사리 집

벽, 대규모 군대와 경찰이 프레카즈로 향했다. 이전에 탄약 공장 위치에 배치된 체트니크 부대는 중포차로 보강되었다. 자샤리 가문에 대한 공격은 오전 6시경 시작되었다. 집에는 거의 모든 가족이 있었다. 자샤리 가문의 용감한 저항은 1998년 3월 5일, 6일, 7일 동안 계속되었다. 이 영광스러운 전투에서 조국과 민족을 방어하다가 20명의 가족, 그중 10명의 어린이와 노인 샤반 자샤리가 영웅적으로 전사하였다. 그의 저항은 '코소보의 자유를 위한 해방 교사'라는 오랜 별명을 확인하게 되었다.

# 오스만 게치 (1943-1998)

오스만 게치(Osman Geci)는 스켄데라지(Skenderaj)의 라우샤(Llaushë)에서 태어 났으며, 샤반 게치(Shaban Geci)의 아들로 전설적인 사령관 아뎀 자샤리의 삼촌 이었다. 오스만은 리팟, 함자, 아뎀이 세르비아 침략자에게 맞서 총을 들었 던 그날부터 자유와 국가 통일을 위한 투쟁에 충실했다. 그는 알바니아 민족 의 역사와 무장 반란에 대한 탁월한 지식을 갖추고 있었다. 1981년부터 그는 어디서나 세르비아 침략자와 싸우는 방법에 대해 강연하고 조언하는 진정한 강사였다. 세르비아 침략자들이 그들의 발자취를 뒤쫓기 시작하면서, 오스

오스만 게치(Osman Geci)

만은 총을 들고 그의 조카들과 함께 드레니차 산지로 오를 수밖에 없었다. 이 드레니차의 영웅은 대부분 시간을 그의 조카들과 함께 프레카즈에서 보내며 아뎀 야샤리의 첫 무장 그룹의 중요한 구성원이 되었다.

KLA 영광스러운 서사시 전날 밤, 1998년 3월 5일에 오스만은 그의 조카 아뎀과 함께 티체(Tice) 마을에서 저항의 탑으로 이동했다. 그곳에서 그의 매형 샤반, 그의 조카 함자, 아뎀 자샤리, 그리고 자샤리 가문의 다른 구성원들과 함께 세르비아 군대 및 경찰 기계와 3일간 싸우며 영웅적으로 전사하여 역사에 길이 남게 되었다.

# 함자 자샤리 (1950-1998)

함자 자샤리(Hamez Jashari)는 해방 교사 샤반 자샤리의 둘째 아들이었다. 민
족정신으로 자란 이 날카로운 눈을 가진 소년은 예술에 특별한 애정을 품고
있었다. 그는 시를 좋아했으며, 그림을 잘 그렸고, 연극에 출연하였고, 아름
다운 알바니아 전통 악기인 샤르키아를 연주하고 노래했다.

천부적인 이 모든 재능은 이후 영원으로 향하는 아름다운 무예로 변모했
다. 1973년, 함자는 당시의 의무 군 복무를 마쳤다. 그는 독일에 있는 형을

연극배우였던 함자 자샤리

함자 자샤리(1997)

방문했고, 5개월간 머문 후 다시 집으로 돌아와 "유배지, 이방의 나라는 나를 위한 곳이 아니다"라는 말을 남겼다.

1981년, 코소보 알바니아인들에게 있어 위대한 역사적 전환점의 해에 함자는 민족과 조국을 위한 준비가 되어 있었다. 강인한 통찰력과 정신, 그리고 강인한 신체로 허영심과 실망을 이겨낸 젊은이는 형 리팟과 함께 터키로 여행을 떠나 '코소보 공화국'이라는 문구가 적힌 인쇄된 팸플릿을 가지고 돌아왔다. 이는 당시에는 대담한 행동이었으며, 알바니아인들에게는 용감한 함자 자샤리와 같은 사람들이 필요했다. 그 이후 1991년 세르비아 체트니크 군대가 그의 가문을 공격할 때까지, 함자는 지하 애국 활동을 멈추지 않았다.

1991년 1월 30일, 그는 총을 들고 조국을 방어할 결심을 공개적으로 드러내며, 형 아뎀과 함께 조국을 위해 자신을 희생했다. 1998년 1월 22일, 아뎀이 집에 없던 새벽, 대규모 세르비아 특수부대가 그들의 탑집을 둘러쌌다. 이번에는 함자 자샤리의 영웅적인 행동과 총이 노인 샤반의 저항력을 더욱 강력하게 만들어, 특수 부대는 머리를 숙이고 파시스트 베오그라드로 물러

나야 했다. 그 후로 함자는 여러 작전을 조직하고 세르비아 경찰에 대항하는 많은 행동에 참여하였다.

　1998년 3월 5일, 6일, 7일의 영광스러운 KLA 서사시에서 함자 자샤리의 총과 노래는 세르비아 체트니크에게 공포가 되었고, 3일 동안 저항의 탑에서 자샤리의 해방 총소리는 멈추지 않았다. 이 전투에서 전설적인 사령관 아뎀 자샤리 못지않은 용기와 이상을 가진 함자 자샤리, 그리고 그들의 가족은 민족과 조국을 방어하며 명예롭게 전사했다. 전투에서 저항한 36명과 함께 20명의 자샤리 가족 구성원이 있었는데, 그중에는 샤반 자샤리의 저항의 탑에 충성을 다한 루보베크(Lubovec) 출신의 칸(Can)과 라트(Lat)도 있었다.

# 아뎀 자샤리(1955-1998)

1955년 11월 28일, 샤반 자샤리는 매년 기념하던 국기의 날과 함께, 아들 아뎀의 탄생일을 축하하는 또 하나의 기쁨을 맞이했다. 신생아의 요람이 스칸데르베그의 깃발로 덮인 것은 자연스러운 일이었다. 그날 자샤리 가문이 있는 아흐메트 델리아의 프레카즈 마을에서는 또 한 자루의 총이 추가되었고, 드레니차에는 코소보의 자유를 위한 깃발과 신생 병사를 위한 총성이 울려 퍼졌다.

그날, 국기 – 탄생 – 총성 및 메아리는 프레카즈, 드레니차, 코소보, 그리고

전설적인 사령관 아뎀 자샤리

모든 알바니아인들에게 영광이었다. 아뎀 자샤리는 알바니아인의 가장 영광스러운 승리의 날인 11월 28일에 태어났다. 샤반은 모든 아이에게 세심한 주의를 기울였지만, 아뎀에게는 특히 더 신경을 썼는데, 이는 아마도 그의 탄생일과 1955년 11월 28일의 총성과 메아리를 기억했기 때문일 것이다. 아뎀은 형제 리파트와 하므자와 함께 자라며 무기와 역사 속 용맹한 업적에 특별한 관심을 보였고, 특히 아흐메트 델리아의 용맹한 행위에 큰 흥미를 느꼈다. 척탄의 머리를 쪼갠 아흐메트 델리아의 도끼는 명예와 민족 존엄성을 수호한 전설로 남아 있었고, 그의 희생정신은 세르비아 무장 집단에 대한 대항을 시작한 동포들의 영웅적인 행위를 아뎀에게 전해주었다.

아뎀 자샤리는 젊은 나이에 불법 애국 활동에 참여하여 1981년 봄의 시위에 적극적으로 참여했다. 이후, 세르비아 정부의 통치를 허용해서는 안 된다는 것을 깨닫게 된 사건은 타히르와 네비 메하가 유고슬라비아 군대와 경찰에 저항한 일이었다. 타히르 메하의 장례식에서 샤반, 아뎀, 하므자 야샤리 형제는 "당신이 일으킨 전쟁은 마지막 피 한 방울까지 계속될 것"이라고 맹세하며 조국을 위한 희생 의지를 다졌다. 이는 폭력과 공포로부터 나라를 해방시키기 위한 길을 찾는 그의 자유에 대한 결단을 보여주는 것이었다.

아뎀 자샤리와 그의 단체는 KLA(코소보 해방군)의 핵심 기초가 되었다. 1991년 11월 3일, 아뎀 자샤리와 단체는 알바니아로 가서 군사 훈련을 받고 무장 전투를 위한 훈련을 시작했다. 이 단체는 지도자인 아뎀 자샤리, 일라즈 코드라, 사히트 자샤리, 파딜 코드라, 그리고 무라트 자샤리로 구성되었다. 아뎀 자샤리는 해방 전쟁을 위한 다양한 무기의 사용법을 배우는 데 뛰어난 자질과 기술을 보여주었다. 그는 90년대의 변화에 낙관적인 자세로 임하며, 진심 어린 자세로 해방 전쟁 조직을 위한 군사 분야에 헌신을 다하기 시작했다.

훈련을 마친 후, 1991년 12월 7일 드레니차로 돌아온 이 단체는 무기를 갖추고 무장 세력을 확장하라는 임무를 받았다.

1991년 말에는 아뎀 자샤리와 그의 동료들에 대한 체포가 진행되었고, 이로 인해 적군 경찰을 대상으로 한 군사 행동이 드레니차에서 시작되어 이후 랩, 두카진, 샬레, 코소보 전역으로 확산되었다. KLA는 코소보 국민에게는 희망으로, 적군에게는 두려움이 되고 있었다. 아뎀 자샤리는 전설적인 존재가 되어 적군의 공격이 있는 곳마다 등장했다. 그는 코소보 곳곳의 세르비아 경찰 순찰대와 경찰서, 특히 스켄데라이, 미트로비차의 블러드 브리지, 시폴, 루니크, 드레나스 등지에서 목표물을 겨냥했으며, 슈티메, 프리즈렌, 클리나 등에서도 그의 이름으로 무장 작전이 수행되었다.

다른 알바니아 군사 훈련 단체들과 달리, 아뎀 자샤리의 단체는 결코 해체되지 않은 유일한 조직이었다. 1993년 4월 5일, 아뎀 자샤리의 집에서 중요한 회의가 열렸으며 이 회의에는 아뎀 야샤리의 무장 조직원 외에도 여러 정치 활동가들이 참석했다.

이 회의에서 아뎀 자샤리의 군사 조직을 확장하기로 결정하였다. 이 자리에서 아뎀 자샤리는 코소보에서의 모든 군사 작전을 '코소보군'의 이름으로 수행할 것을 제안했으며, 그는 코소보군의 사령관으로 임명되었다. 세르비아 경찰력에 대한 공격이 이미 체계적으로 조정되고 있었고, 1993년에는 이러한 조정과 확장 및 무장 단체의 재구성을 통해 코소보 해방군(KLA)이 창설되었다.

1997년, 프리슈티나 지방 법원은 아뎀 자샤리와 그의 군사 조직에 대해 불참석한 상태에서 20년 형을 선고했다. 사실, 아뎀 자샤리는 1991년, 1996년, 그리고 1997년 세 차례 20년 형을 선고받아 총 60년 형을 선고받은 셈이

아뎀 자샤리와 동료 전사들

었다. 프레카즈 전투 부대는 아뎀 자샤리의 이름과 그의 뛰어난 전략적 전투 능력, 군사적 특성으로 알려졌다. 무장봉기를 통해 코소보 문제를 해결하려는 사람들은 오랜 기간 여러 기지에서 활동해 온 아뎀 자샤리와의 직접적인 접촉을 원했다. 그의 전투 핵심 부대와 무장 구조는 성장하고 확장할 준비가 되어 있었다.

1997년 9월, KLA의 무장 행동이 강화되었고, 세르비아 경찰서 12곳에 대한 공격이 시작되었다. 코소보에서의 세르비아군의 체계적인 폭력은 KLA 부대가 전선에서 세르비아군과 직접 대치하는 단계로 넘어가게 했다. 1997년 11월 26일, 뉴 리잘라에서 아뎀 자샤리가 이끄는 해방군은 다수의 세르비아 경찰력과 치열한 전투를 벌였으며, 중무장한 세르비아군은 보이니크 마을로 향하는 길을 차단했다. 하루 전에는 KLA 초기 전사 중 한 명인 아베딘 렉샤-

아뎀 자샤리와 동료 전사들

산도칸(Abedin Rexha - Sandokan)이 가면을 쓴 세르비아 경찰 순찰대를 총으로 공격하였다.

이 전투는 아뎀 자샤리와 무예 크라스니치, 일라즈 코드라 등 다른 전사들이 이끌었다. 1997년 1월 22일, 세르비아 경찰의 특수부대는 코소보 해방군의 거점으로 여겨진 자샤리 가문을 제거하기 위해 기습 공격을 감행했지만, 자샤리 가문의 저항에 적군은 목표를 이루지 못하고 철수해야 했다. 이러한 기습 공격은 전문 군대 주둔지도 놀랄 만한 일이었으나, 자샤리 가족에게는 해당되지 않았다. 아뎀 자샤리가 이끄는 KLA 부대는 드레니차 지역에서 새로운 행동 단계를 시작했다.

1998년 2월 28일과 3월 1일, 리코샨에서 KLA 부대와 세르비아 순찰대 세 개 부대 간의 전투가 벌어졌다. 이 전투에서 세르비아 경찰 4명이 사망하고

2명이 부상을 입었다. 이에 대한 보복으로 세르비아 특수 경찰은 리코샨과 시레즈에서 무고한 민간인들을 학살했다. 1월 22일의 패배 이후, 적군은 대규모 경찰 및 군사 공격을 준비하기 시작했으며, 이는 리코샨의 식스 오크스에서 경찰이 패배한 지 며칠 후인 1998년 3월 5일 이른 아침에 시작되었다.

## 1998년 3월 5, 6, 7일 전투

1998년 3월 4일에서 5일 밤, 프레카즈의 전설적인 사령관 아뎀 자샤리의 가족은 대규모 세르비아 군대와 경찰에 의해 포위되었다. 공격은 새벽 6시경에 시작되었다. 세르비아 경찰과 군대는 탄약 공장, 스켄데라이 언덕, 자니 오크스 등의 위치에서 공격을 시작했다. 이에 대한 아뎀 자샤리와 그의 가족의 대응은 즉각적이고 강력하며 완벽한 군사 전략이었다.

3월 5일, 전투 첫날, 아뎀 자샤리의 온 가족이 저항하며 싸우기 시작했다. 목격자인 베사르타 자샤리의 증언에 따르면, "첫날 격렬한 전투가 온종일 지속되었으며 집이 포격을 받았다. 그날 아뎀의 아내 아딜레가 사망했는데, 탄약을 가지러 집의 3층으로 가던 중 계단에서 총에 맞아 숨졌다. 세르비아군이 공격하는 강력한 폭발 소리가 온종일 이어졌고 저녁이 되자 총성이 가라앉았다. 저녁에 아뎀 자샤리는 블레림, 쿠슈트림, 이그발과 함께 탄창을 채우며 다음 날의 전투에 대비했다. 상황을 주의 깊게 살펴보며 지켜보았다."

두 번째 날인 1998년 3월 6일, 베사르타의 증언에 따르면 "아침부터 세르비아군의 포격이 다시 시작되었다. 포탄이 집과 마당 곳곳에 떨어졌다. 파편과 폭발은 삼촌 리파트의 아들 이그발을 덮쳤다. 포격은 점점 더 강해졌고 가족의 다른 구성원들이 하나둘 사망하기 시작했다. 아뎀과 함자, 그리고 소년

3월 5, 6, 7일 전투 후

들은 저항을 이어갔다. 가장 비극적인 순간은 포탄이 지하실에 떨어져 이를 두 동강 내고 파괴한 때였다. 이로 인해 가족 여러 명이 사망했다. 리파트의 딸 히다제트와 나보다 두 살 어린 파티메가 연이은 공격으로 다치고 사망했다. 베심, 쿠슈트림, 아뎀은 여전히 살아서 한 위치에서 다른 위치로 이동하며 싸우고 있었다."

   1998년 3월 7일은 아뎀 자샤리와 그의 가족의 마지막 날이자 전설적이고 영웅적인 사령관의 최후가 된 날, 코소보 해방군(KLA)의 서사에 영광을 더한 날로 기억된다. 베사르타 자샤리는 전투의 마지막 순간을 이렇게 묘사하였다. "아뎀은 벽을 따라 우리가 피신한 곳으로 이동했다. 가족 대부분이 사망한 후 베심마저도 죽었고, 우리는 지하실 문 근처에 숨어 있었다. 아뎀은 우리가 있는 곳에 몸을 던져 보호하려 했지만 총에 맞아 계단 옆에 쓰러졌다. 아뎀이 쓰러진 후, 그의 아들 쿠슈트림(당시 13세)이 자동소총을 들고 마당에서 위치를 잡았다. 세르비아 경찰이 이미 우리 창고로 침투해 온 상태였기에 쿠슈트림은 다른 위치로 이동해 그들과 맞섰지만 결국 건물들 사이의 공간에서 전사했다. 더는 살아남은 사람이 없다는 것을 깨닫고 나는 몸 하나하나를 만지며 누가 살아 있나 불렀다. 이름을 부르고 불렀지만, 응답은 돌아오지 않았다. 모든 것이 3일간의 전투 마지막, 오전 전에 일어난 일이었다.”

아뎀 자샤리와 그의 가족은 세르비아군의 공격에 끝까지 맞섰다. 3일 밤낮 동안 영웅적으로 저항한 끝에 적군은 자샤리 마을을 불태우고 파괴하는 데 성공했지만, 그들의 자유에 대한 투지를 꺾지는 못했다. 아뎀 자샤리는 죽기 전까지 총을 놓지 않고 끝까지 알바니아를 위한 자유의 노래를 이어갔다.

코소보 해방군은 지도자를 잃었지만 코소보는 전설적인 사령관을 얻게 되었다. 자샤리의 희생을 통해 코소보는 공포를 넘어 자유로 나아가는 새로운

하메즈와 아뎀 자샤리

전설적인 사령관 아뎀 자샤리

길을 열었으며, 아뎀 자샤리의 불굴의 정신은 알바니아인들에게 삶, 조국, 자유, 명예, 그리고 민족의 존엄에 대한 새로운 철학과 의식을 심어주었다. 아뎀 자샤리의 용감한 희생은 코소보 해방군의 동원과 구조화, 변혁에 강력한 자극을 주었으며 그의 정신은 여전히 살아 있다.

### 자샤리 탑 포위 (1998년 3월 5, 6, 7일)

프레카즈는 1998년 1월 22일에도 공격을 받았으나, 세르비아 체트니크들은 샤반 자샤리의 집에서 일부 부상자와 사망자만 낸 것에 만족하지 않았다. 세르비아 군과 경찰 부대는 3월 5일 이른 새벽 프레카즈에 대한 새로운 공격을 시작했다. 샤반 자샤리의 탑이 다시 목표가 되었다. 3월 3일과 4일, 스켄데라이 탄약 공장 주변에는 많은 중화기가 배치되었다. 또한 드레니차의 모든 검문소에도 세르비아 경찰의 대대적인 지원군이 배치되었다. 3월 5일 오전 5시 30분, 세르비아 군대는 탄약 공장에서 자샤리 탑과 자샤리 가문의 모든 구성원들을 향해 포격을 시작했다. 프레카즈의 지도자들이 보여준 저항은 알바니아 전역과 해외에 강력한 메시지를 전달했다.

자유의 상징인 아뎀 자샤리는 인류 문명사에서 가장 힘들고 고통스러운 결단을 내렸다.

"우리는 생포되지 않겠다!"

"내 시신을 밟지 않고는 침입할 수 없다!"

세월이 흘러, 드레니차의 영웅들이 외치던 "아젬 갈리차를 기다려라!"라는 외침이 사라졌다. 세르비아 왕의 부대는 더는 그 외침에 떨지 않았다. 수십 년에 걸친 코소보의 억압은 세르비아 지배자의 기억에서 흐릿해졌다. 그러나 세르비아 군대가 코소보 해방군(KLA)의 유니폼을 대면했을 때, 세르비아 군은 선조들이 한 번 느꼈던 그 공포를 다시 체감하기 시작했다.

세르비아 군과 경찰은 프레카즈, 라우샤, 바이니크, 리카샨, 치레즈에서 여러 차례 드레니차를 공격하려 했다. 3월 5일, 세르비아 군은 다시 한번 전설의 용맹한 땅 프레카즈로 돌아와 드레니차를 공격하려 했다. 알바니아인의 명예를 지킨 자샤리 성이 공격을 받고 있었다. 그곳에는 자유를 위한 투쟁의 총사령관인 아뎀 자샤리, 고귀한 노인 샤반 자샤리, 불굴의 영웅 하메즈 자샤리, 쇼타의 후손들이 있었다.

그 쓰라린 3월 아침, 총성과 포격 속에서 세르비아의 야만적 공포가 프레카즈에 몰아쳤다. 그러나 그 순간, 성안에서 큰 결단이 내려졌다.

"누군가 죽어야 한다면, 내 조국 코소보보다 내가 낫다."

사령관의 외침이었다.

"누군가 죽어야 한다면, 고향보다는 우리가 모두 낫다."

성안의 자샤리 가족 모두의 목소리였다.

총성이 울렸고, 알바니아인의 가슴은 노래했다. 용맹한 자들의 총성과 노래가 꺼지지 않는 저항의 교향곡을 써 내려갔고, 그 울림은 자유를 위한 투쟁의 뿌리와 정점을 울렸다. 프레카즈에서 역사가 쓰여지고 있었다. 자샤리 성은 자유의 벽이 되어가고 있었다.

당시의 세르비아군의 말살 작전에서 다음과 같은 희생자가 발생했다.


1. Adem Shaban Jashari (1955-1998), Prekaz

2. Adile B. Jashari (1957-1998), Prekaz

3. Afete H. Jashari (1980-1998), Prekaz

4. Afije A. Jashari (1938-1998), Prekaz

5. Ajvaz K. Jashari (1980-1998), Prekaz

6. Ali R. Jashari (1937-1998), Prekaz

7. Avdullah Z. Jashari (1982-1998), Prekaz

8. Bahtije M. Jashari (1953-1998), Prekaz

9. Beqir B. Jashari (1955-1998), Prekaz

10. Besim H. Jashari (1981-1998), Prekaz

11. Blerim H. Jashari (1985-1998), Prekaz

12. Blerim Z. Jashari (1992-1998), Prekaz

13. Blerina H. Jashari (1991-1998), Prekaz

14. Bujar Z. Jashari (1987-1998), Prekaz

15. Elfije S. Jashari (1963-1998), Prekaz

16. Elheme U. Jashari (1938-1998), Prekaz

17. Faik T. Jashari (1964-1998), Prekaz

18. Fatime H. Jashari (1989-1998), Prekaz

19. Fatime S. Jashari (1970-1998), Prekaz

20. Fatime Xh. Bazaj (1978-1998), Tërstenik

21. Feride H. Jashari (1955-1998), Prekaz

22. Fitim A. Jashari (1980-1998), Prekaz

23. Hajrije Z. Jashari (1957-1998), Prekaz

24. Hajzer Z. Jashari (1969-1998), Prekaz

25. Halil B. Jashari (1960-1998), Prekaz

26. Halit I. Jashari (1934-1998), Prekaz

27. Hamdi S. Jashari (1960-1998), Prekaz

28. Hamëz Sh. Jashari (1950-1998), Prekaz

29. Hamide S. Jashari (1910-1998), Prekaz

30. Hamit H. Jashari (1934-1998), Prekaz

31. Hanife Z. Jashari (1981-1998), Prekaz

32. Hidajete R. Jashari (1979-1998), Prekaz

33. Igball R. Jashari (1981-1998), Prekaz

34. Igballe R. Jashari (1989-1998), Prekaz

35. Isak F. Halili (1934-1998), Duboc

36. Kajtaz M. Jashari (1953-1998), Prekaz

37. Kushtrim A. Jashari (1985-1998), Prekaz

38. Lirie H. Jashari (1983-1998), Prekaz

39. Mihrije F. Jashari (1942-1998), Prekaz

40. Murtez Z. Jashari (1979-1998), Prekaz

41. Nazmi Z. Jashari (1967-1998), Prekaz

42. Osman Sh. Geci (1943-1998), Llaushë

43. Qazim O. Jashari (1948-1998), Prekaz

44. Qerim H. Jashari (1942-1998), Prekaz

45. Ramiz S. Jashari (1974-1998), Prekaz

46. Sabrije Z. Jashari (1976-1998), Prekaz

47. Sadik H. Jashari (1932-1998), Prekaz

48. Salë Sh. Jashari (1943-1998), Prekaz

49. Selvete H. Jashari (1977-1998), Prekaz

50. Shaban M. Jashari (1924-1998), Prekaz

51. Shahin Q. Jashari (1973-1998), Prekaz

52. Sherif B. Jashari (1951-1998), Prekaz

53. Sinan R. Jashari (1935-1998), Prekaz

54. Smajl A. Jashari (1951-1998), Prekaz

55. Smajl Xh. Bazaj (1980-1998), Tërstenik

56. Ukshin Q. Jashari (1976-1998), Prekaz

57. Valdete R. Jashari (1983-1998), Prekaz

58. Zahide Sh. Jashari (1924-1998), Prekaz

59. Zarife B. Jashari (1948-1998), Prekaz

희생자 중에는 7세에서 16세 사이의 어린이 15명과 여성 17명이 포함되어 있었으며, 74세에 이르는 노인들도 있었다. 신원이 확인된 희생자와 신원이 확인되지 않은 희생자 모두는 전통적인 예식이나 장례 규칙을 전혀 지키지 않은 채 3월 10일 경찰에 의해 묻혔으며, 법의학적 조사도 이루어지지 않았다. 당시의 공격에서 유일한 생존자는 소녀 베사르타(Besarta)였다.

## 역사적 증거: 드레니차에서 온 편지

이 편지는 아뎀 자샤리가 보낸 것으로, 그의 형 하메즈가 작성했으며 드레니차 전사 그룹의 서명이 담겨 있다. 이 편지는 웅장하게 아름다운 모든 것이 그렇듯이 소박하게 쓰여 있으며, 과장된 표현 없이 역사적 증거를 담고 있다. (1997년 12월)

### 친애하는 친구들과 형제들에게

1997년 11월 25일, 우리와 세르비아 점령군 비밀경찰 간에 벌어진 보이니크(Vojnik) 마을에서의 사건에 대해 몇 가지 정보를 공유합니다. 사건은 네 명의 민간인 공무원을 태운 니바(Niva)형 차량이 마을에서 수상한 움직임을 보이며 여러 지역을 돌아다니며 시작되었습니다. 우리는 이를 주시하고 따라가 비나카이(Binakaj) 지역까지, 우리의 활동가가 있는 집 가까이 도달했습니다. 활동가의 말에 따르면, 그는 그들의 신원을 파악하려 했으나, 그들은 자신을 알바니아인으로 가장하며 속이려 했습니다. 그러나 그가 말을 마치기 전, 그들 중 한 명이 활동가에게 여러 발을 발사했습니다. 활동가는 재빨리 총알을 피하고 자동소총으로 응사하여 차 안의 몇몇 인물들에게 타격을 가했습니다. 용의자들은 큰 속도로 도주했고 현장에는 깨진 유리 조각과 혈흔이 남았습니다. 사건은 오후 2시경에 일어났습니다. 용의자들이 떠난 후, 활동가는 세 명의 친구들과 함께 집으로 돌아왔습니다. 이들은 위험이 지나갔다고 생각하고 경찰 개입 가능성에 대비하여 마을을 떠나지 않기로 했습니다. 예상대로 두 시간 후, 오후 4시경, 두 대의 장갑차가 니바(Niva) 차량과 함께 비나카이(Binakaj) 지역에 도착했습니다. 우리 병력은 근처 숲과 울타리에 자리를 잡았습니다. 특수부대가 차량에서 내리자마자 각 방향으로 발포하여 공포를 조성하려 했으나, 우리 병력 네 명은 응사하며 그들과의 충돌을 시작했습니다. 병력과 장비에서 열세였던 우리는 숲으로 후퇴했지만, 세르비아 특수부대가 계속 접근하자 어쩔 수 없이 수류탄을 사용해야 했습니다.

수류탄의 위협으로 세르비아군은 차량에 다시 올라탔고, 그들은 장갑차에서만 싸움을 계속했습니다. 교전은 오후 6시경까지 이어졌으며, 결국 그들은 우리가 차지한 숲에서 우리를 밀어낼 수 없었습니다. 그들은 마을과 지역에서 재빨리 철수했습니다. 우리 측은 사상자가 없었으며, 적 측에는 특히 수류탄이 던져진 곳에 다수의 혈흔이 남아 있었습니다.

우리 조직에는 지상 관측자들이 있으며, 장갑차가 클리네(Kline)나 투리케프츠(Turiqefc) 쪽으로 이동하는 것을 관찰했습니다. 일부 관측자들이 정보를 전파하여 준비 상태를 유지하게 했고, 밤이 되어 상황이 지연되었지만, 보이니크 마을로 경찰이 향한다는 소식을 접했습니다. 경찰이 철수하여 충돌은 없었으나, 그날 밤 우리는 모여 우리 병력의 피해가 없음을 확인하고 모든 주요 도로에 감시자들을 배치하기로 결정했습니다. "경찰이 보복 작전을 시도할 경우 저항하자"는 다짐과 함께, 다음 날 아침까지 전략 지점들을 확보하였습니다.

우리는 교전 지역에 도착해 남겨진 증거들을 통해 적의 손실을 확인할 수 있었습니다. 현장에는 대구경 탄약, 권총, 피 묻은 방탄복, 헬멧, 다양한 탄창, 방독면, 최루탄 등이 있었습니다. 피해는 소각된 장갑차 한 대와 고장 난 장갑차 한 대, 피해를 본 헬리콥터 등이 포함되는데 헬리콥터는 적군을 남겨두고 철수했습니다.

회원 가입에 대한 수요가 많지만, 무기가 부족한 상황입니다. 우리는 이 부분에 대해 많은 노력을 기울이지 않았습니다. 따라서 드레니차 지역에서 활동하는 동료들은, 현재 '베시(Veshi)'('귀')라는 암호명을 사용하여 해외에 나가 있는 우리의 이전 동료 중 한 명이 우리를 대표해 주기를 요청하고 있습니다.

이 이야기를 마치며 드레니차에서 가슴 깊이 인사를 보냅니다. 자유를 위해 싸우다 쓰러진 이들에게 영광을!

서명자:

아뎀 자샤리 (라파타) Adem Jashari-Rrafata,

일라즈 코드라 (기파) Ilaz Kodra-Gipa,

제눈 코드라 (제나) Zenun Kodra-zena

파딜 코드라 (딜리) Fadil Kodra-Dili,

누레딘 루스타쿠 (누라) Nuredin Lushtaku-Nura,

하메즈 자샤리 (둘리) Hamëz Jashari-Dyli and

아베딘 렉샤 (가푸리) Abedin Rexha-Gafurri.

# 에필로그(EPILOGUE)를 대신하며

## 자샤리 가문과 후손들

자사리 가문 후손의 어제와 오늘

이 사진은 전쟁 이후 자샤리 가문의 재건을 상징한다. 아뎀의 아들 루르짐, 하메즈의 아들 베킴, 리파트의 아들 무라트, 그리고 이들 가정에서 태어난 12명의 자녀, 7명의 아들과 5명의 딸은 모두 새롭게 지어진 이름을 가지고 태어났다.

세르비아인들이 가문을 멸절시키려 했으나, 그 목표는 이루어지지 않았다. 조국의 자유를 위한 싸움이 있었던 후 수년이 흘렀지만, 알바니아인들은 자샤리 가문이 바친 자유를 위한 희생을 절대로 잊지 않을 것이다.

### 아뎀 자샤리 기념 단지, 1,200만 명 방문

기념 단지 안내서의 정확한 수치에 따르면, 1,200만 명의 알바니아인들과 전 세계 외국인 방문객들이 지난 19년간 이 단지를 방문했다. 이들 중에는 디아스포라와 멀리 떨어진 캐나다에서 온 알바니아계도 포함된다.

### 영원화 현상: 그는 살아 있다

아뎀 자샤리 현상은 중세 신화가 아닌 영원한 물리적·영적 기념물이 되었다. 전통적인 신화적 서사의 전설이 아니라 역사 속의 특별하고 현실적인 인물로서 그의 행위와 영웅심이 시금석이 되었으며, 전설조차 도달하지 못하는 정점에 도달하였고 세계가 끝날 때까지 영원할 것이다.

## 자유의 대가

코소보에서 일어난 마지막 전쟁으로 13,000명 이상의 민간인이 사망하고, 약 1,000채의 주택이 불타고, 104,000채 이상의 주택이 완전히 파괴되었으며, 214,000채 이상이 파괴되고 약탈당했으며, 2,000명 이상의 KLA 순교자가 발생했고, 약 1,000,000명이 집에서 강제로 이주당했으며, 가족과 국가 소유물이 손실되었다.

**Kronologji**

# PREKAZI
# BREZNI
# TRIMASH
# -AI ËSHTË
# I GJALLË

Shtëpia botuese
Botimi i lirë
Autor Dibran FYLLI
Konsulent Prof. Dr. Murat JASHARI
Redaktor Prof. Avdullah HOXHA
Recensent Prof. Dr. Zymer NEZIRI
Përgjegjës publikimi Autori
Grafika Durim FYLLI
Radhitja kompjuterike - dizajni uniART Creative
Shtypi Shtypshkronja "Office Printy"

# DRENICA

## TERRITOR I QËNDRESËS SHQIPTARE

Kjo trevë kreshnikësh në antikë njihej me emrin Klapotnik. Kur përmen-
det ky emër, nuk mund të mos kujtohet historia e lavdishme kombëtare
dhe emri Drenicë. Kjo trevë gjithmonë ka qenë, është dhe do të mbetet
tmerr për armikun. Është fole trimash që u bë sinonim i rezistencës dhe i
qëndresës mbarëshqiptare për liri dhe pavarësi kombëtare. Drenica në historinë
kombëtare, mbetet territor i qën-dresës shqiptare, që secilit pushtues i rezistoi
me armë. Që nga Beteja e Kosovës (1389) e deri më sot, nga kjo trevë dolën
njerëz që me pushkë e me penë qëndruan për çlirim dhe pavarësi kombëtare.
Në Betejen e Kosovës, Millosh Kopiliçi (ishte nga fshati Kopiliç i Skënderajt) e plagos për
vdekje Sulltan Muratin I. Drenica ua fuste frikën armiqve. Edhe vet Sulltanin
nuk e linte të qetë në Stamboll. Terë Ballkani dhe Evropa ishin qetësuar, kurse
në Drenicë ende s'kishte pushtet të plotë turk, edhe atëherë kur provuan
ta vejnë pushtetin, më 1891, dështuan, Saraji Hamidije në mes Llau-shës,
Palacit e Prekazit u rrënua plotësisht, kurse kajmekami me gjithë nëpunësit e
tij u dëbua nga Drenica brenda natës. Drenica përfshin një territor kodrinor
ndërmjet Fushës së Kosovës në lindje prej Goleshit e Qyqavicës, maleve të
Carralevës në jug, malit Mokna në veri dhe Rrafshit të Dukagjinit në perëndim.
Drenica paraqet një territor kompakt, një tersi gjeografike, në të cilen gravi-
tojnë mbi 100 fshatra. Në pikëpamje administrative është e copëtuar dhe
fshatrat e saj u takojnë disa qendrave komunale: Skënderajt, Gllogofcit, Klinës,
Lypjanit, Vushtrrisë dhe Malishevës. Pushteti borgjez serb ia kishte frikën
aq shumë kësaj treve, sa që e quante "Vend grejzish". Edhe në elaboratet e
ndryshme që gatuhe-shin nëpër kabinetet e krerëve dhe akademikëve serb për
shpërn-guljen dhe zhdukjen e shqiptarëve, Drenica parashikohej si vendi më
i rrezikshëm prej nga duhej dëbuar popullsia vendëse shqiptare. Vetë Mbreti
Aleksandër kishte propozuar që ky territor të shkatërrohej plotësisht. Borgjezia
serbe mendonte se me djegien e fshatit të fundit dhe me vrasjen e fëmijës së
fundit në Drenicë, do të hiqet nga rendi i ditës çështja shqiptare...

# BETIMI I AZEM GALICËS

Në pranverën e vitit 1915, Azemi vendosi ta formojë çetën e vet luftarake. Bashkë me dy vëllezërit dhe disa trima nga fshatrat përreth që u grumbulluan në Galicë, nën hijen e Qarrit qindravjeçar (Lisi i varreve), e shtruan sofrën dhe u ulën rreth saj. Nëna Sherife ua solli flamurin kombëtar, që e kishte ruajtur në fundin e arkës dhe pasi e shpalosi, e shtroi mbi sofër. Trimat me dorën e majtë në zemër e me të djathtën mbi flamur njëzëri u betuan: *"Betohemi në këtë flamur të shenjt se sa të jemi gjallë do të luftojmë për lirinë e këtyre trojeve. Betohemi dhe bëjmë be se për Kosovë japi jetën sikurse me le".*

Kjo çetë, e cila më vonë do të bëhet "Nëna e çetave të Kosovës", menjëherë filloi aksionet e veta luftarake. Kështu nisën edhe ditët e frikshme për xhandarët e postave në Drenicë dhe për spiunët. Gjatë trembëdhjetë vjetëve, sa ekzistoi kjo çetë, arriti t'i zhvillojë mbi shtatëdhjetë beteja të suksesshme e fitimtare.

# KOMANDANT SHABAN PALLUZHA

Komandanti Suprem i FBLÇBK-së, Shaban Palluzha, në fillimin e Luftës së Drenicës më 1945, ishte shprehur: *"Dominimi i komunizmit në Shqipëri, koalicioni me sllavët si dhe rreshtimi në krahun e Lindjes, në fakt, është njëri prej fataliteteve që shënoi dëmet më të mëdha në historinë e re kombëtare".* Për karakteristikat e Luftës së Drenicës, në vitin 1945, mjetet amerikane të informimit ishin shprehur qartë: *"Drenica heroike, nën udhëheqjen e trimave të saj, Shaban Palluzha e Mehmet Gradica, i shpallën luftë ushtrisë jugosllave dhe ideologjisë komuniste, sikurse Pashallëku i Janinës, nën udhëheqjen e Ali Pashë Tepelenës që i shpalli luftë Perandorisë turke".*

# DRENICA FLAMURTARE E LIRISË

Prej Lidhjes së Prizrenit e deri te fundshekulli XX, thuajse pa ndërprerë pati kryengritje shqiptare për liri. Shqiptarët, herë më pak, e herë më shumë mobilizoheshin për rezistencë të armatosur kundër pushtuesve të huaj. Kryengritjet e armatosura gjithmonë fillonin në malësinë e Drenicës, e pastaj shpërndaheshin në Llap, Gollak, Gjilan, Gjakovë, Prizren, Pejë, Rugovë e në shumë krahina të tjera të vendit. Në ballë të organizimit kryengritës, prinin burrat me nam të kohës si Hasan Prishtina, Bajram Curri, Isa Boletini, Ahmet Delia e titma të tjerë. Drenica, çerdhja e çlirimtarëve, e në veçanti kulla e Ahmet Delisë, atdhetarit dhe tribunit popullor, ishte e hapur gjithmonë për çlirimtarët e atdheut. Ahmeti me të birin, Murselin e me shumë shokë e bashkëluftëtarë, prisnin e përcillnin krerët e Lëvizjes Kombëtare, të cilët në kullën e tij, mblidheshin e bisedonin për një kryengritje të përgjithshme kombëtare kundër pushtuesve.

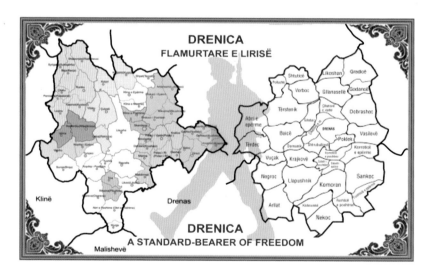

Në vitin 1912, në kullën e Ahmet Delisë në Prekaz, për të saten herë, ishin takuar me Hasan Prishtinën të gjithë krerët e Drenicës. Hasan Prishtina i kishte njoftuar ata se Parlamenti turk nuk kishte dashur as të dëgjonte zërin e deputetëve shqiptarë për të plotësuar kërkesat e tyre, si dhe qëndrimin e Ismajl Qemalit, që pikërisht në Kosovë, sa më parë të fillojë një kryengritje e përgjithshme, e cila do të shtrihej në të gjitha viset shqiptare. Të gjithë krerët e Drenicës, që ishin ftuar në atë takim, e përkrahën qëndrimin dhe vendimin e Hasan Prishtinës dhe të Ismail Qemalit. Në këtë takim, në Prekazin heroik, trimat e Drenicës e dhanë besën e burrave se do të jepnin çdo gjë për lirinë e atdheut. Krerët e Drenicës të mobilizuar në kullën e Ahmet Delisë, në Prekaz, nisën përfaqësuesit e tyre për në Kuvendin e Junikut, ku ishin mbledhur të gjithë krerët e Kosovës, të Dibrës, të Shkodrës si dhe krerë të viseve jugore të Shqipërisë. Në këtë Kuvend, u aprovua programi me kërkesat tona kombëtare, kështu që kryengritja shqip-tare mori kuptimin e vërtetë të një kryengritjeje të përgjithshme. Nën trysninë e vazhdueshme të kryengritësve shqiptarë, forcat turke u detyruan të tërhiqen nga tokat shqiptare, dhe kjo tërheqje u kurorëzua me shpalljen e Pavarësisë së Shqipërisë më 28 nëntor 1912. Nga ana tjetër, në mënyrën më të padrejtë, e në kundërshtim me të gjitha pari-met ndërkombëtare për të drejtën e popujve për të jetuar të lirë në shtetet e tyre sovrane, Fuqitë e Mëdha evropiane, njëanshëm, duke shkelur mbi sovranitetin dhe integritetin territorial të shtetit shqiptar, njohën të "drejtën" e shteteve fqinje, serbe e malazeze, për copëtimin dhe aneksimin e tokave të Shqipërisë! Evropa ndau tokat shqiptare. Populli shqiptar u detyrua që të vazhdojë organizimin e rezistencës së armatosur dhe të dalë në mbrojtje të tokave të veta. Nga ana tjetër, pushtuesit barbarë sllavë, të yshtur nga pasionet e tyre të ulëta ekspa-nsioniste, kryen masakra, terrorizuan popullatën shqiptare, me qëll-im që të shuajnë rezistencën e tyre dhe t'i shpërngulin ata, për të bërë më vonë edhe spastrime etnike, me qëllim të ndryshimit të strukturës demografike në Kosovë. Prapa kësaj fshihej qëllimi i pushtetit serb, që më vonë të sillnin kolonë serbë e malazezë në Kosovë, gjë e cila ka vazhduar në forma të ndryshme, deri në fund të shekullit XX!

*Kulla e Ahmet Delisë, 1968-2022*        *Kulla e Azem Bejtës, 1923-2022*

# KULLAT E LASHTA

Kullat e Drenicës, si dhe ato shqiptare në përgjithësi, kanë luajtur rol të rëndësishëm dhe shumë pozitiv në ngritjen e vetëdijes qytetare, kombëtare, por edhe edukative, madje kanë mbajtur gjallë frymën liridashëse dhe atë të besës e traditës shqiptare. Në themelet e kullave legjendë, kanë zënë fill shkëndijat e lirisë sonë kombëtare. Ato, shekuj me radhë, kanë ruajtur traditën dhe kanë frymëzuar popullin shqiptar për të qenë të lirë e sovranë në trojet e tyre.

*Kulla e Emin Latit*

*Themelet e Kullës së Nebih Mehës*
*(Maj 1981)*

*Kulla muze e Shaban Jasharit*
*(Mars 1998)*

# TRI FAZAT E PËRJETËSIMIT TË KULLAVE

1. Kullat fortifikatë, kemi shembuj të shumtë në historinë tonë.
2. Kullat legjendë janë përjetësuar nga sakrificat heroike për liri.
3. Kullat muze, ku ruhet historia jonë e bujshme ndër shekuj. Krahasueshëm me kullat e tjera qëndron kryelartë edhe kulla e Tahir Mehës, ashtu si qëndron kulla e barutit e Oso Kukës, kullat e krerëve si Ali Pashë Tepelenës, Haxhi Zekës, Sulejman Vokshit, Kamer Loshit, Zhujë Selmanit, Nak Berishës, Ahmet Delisë, Shaqir Smakës, Azem Bejtë Galicës, Shaban Palluzhës, Mehmet Gradicës, Shaban Jasharit e dhjetëra kullave të tjera në Drenicë.

*Kulla e Abetares së parë shqipe në Drenicë*

*Kulla e Ahmet Delisë*

*Kulla e Tahir Mehës*

# KULLA E EMIN, NEBIH E TAHIR MEHËS

Kjo kullë, së bashku me kullat e tjera të rezistencës, deri te kulla e Kryekomandantit Adem Jashari, bënë historinë kombëtare duke nxj-errë nga gjiri i tyre luftëtarët më të denjë të lirisë së kombit e të atdheut. Themelet e kësaj kulle datojnë që nga stërgjyshërit e Tahir Mehës, pra që nga prindërit e Mehës së Parë. Kjo kullë, katrahurën e parë, djegien e kishte përjetuar nga Suharia e Aqif Pashë Turgutit, pastaj edhe nga xhandarmëria e Serbisë së Parë, menjëherë pas Kongresit të Berlinit. Pas djegies së kullës së Mehës së Parë dhe ngritjes së saj të sërishme, kjo kullë sërish është djegur nga Serbia. Emin Lati me shokë, merr vendimin që kullën e qëndresës ta rindë-rtonin serish.

Në vitin 1913, punimet për ngritjen e kullës filluan dhe kulla e Meha-jve prapë u bë kullë qëndrese, kështu që në pranverën e vitit 1916, përurimi i kullës u bë festë e bashkëluftëtarëve të Emin Latit, si: Shaqir Smaka, Azem Bejta, Mehmet Delia, Fazli Berani, Rifat Banjska, Shaban Mangjolli, Mursel Delia, Xhemë Terrnavci, Halit Bajrami, Bajram Zena, Lim Qerimi e dhjetëra bashkëluftëtarë tjerë

*Tre brezat e Kullës fortifikatë (Emin, Nebih e Tahir Meha)*

*Azem e Shotë Galica*

*Shaqir Smaka*

*Shaban Paluzha*

*Emin Lati*

Në këtë kullë kanë bërë konak dhjetëra figura të larta kombëtare, ku janë marrë vendime të rëndësishme kombëtare, si Hasan Prishtina, Azem Bejta, Mehmet Delia, Shaban Palluzha, Miftar Bajraktari, Mehmet Gradica e deri te Shaban Jashari me dy të bijtë. Këtu, kanë gdhirë burrat e dheut, duke qarë hallet e atdheut! Kulla e Emin Latit, tani e Nebih Mehës, bashkëluftëtar i Shaban Palluzhës, ishte djegur prapë në vitin 1945, nga çetniko-komunistët jugosllavë, por ajo sër-ish ishte ndërtuar nga Mehajt, mbase jo në arkitekturën që kishte më parë, ngase pushteti komunist i Jugosllavisë nuk i kishte lejuar.

# PREKAZI VEND I QËNDRESES
## AHMET DELIA DHE BETEJA ME SËPATË

Atëherë kur xhandarmëria e Pashiqit kishte filluar reprezaljet nëpër disa fshatra të Drenicës, Ahmet Delia, i vetëdijshëm për qëllimet e Serbisë, mblodhi krerët e Drenicës në kullën e tij, dhe së bashku me trimat, bënë edhe një Kuvend duke kujtuar besën e dhënë! Në fillimin e janarit të vitit 1913, veprimet kriminale e të dhunshme të xhandarmërisë serbe po shtrëngonin dhe po ashpërsonin rrathët e krimeve mbi popullin e Drenicës. Aty ishte dhënë edhe një herë fjala e burrave se do të rezistojnë me të gjitha mjetet e mundshme, pa e kursyer as jetën në mbrojtje të tokave dhe të popullit shqiptar, duke i dalë në mbrojtje vëllai vëllait, fqinji fqinjit, fshati fshatit...

*Kulla e Ahmet Delisë*

Një grup prej 13 xhandarësh serbë, pak ditë pasi që ishte dhënë "besa e burrave", në kullën e Ahmet Delisë, kishin mësyrë Prekazin, duke terrorizuar dhe plaçkitur dy-tri shtëpi në Prekaz. Lajmi kishte shkuar tek Ahmet Delia, i cili lëshoi zërin e mobilizimit, por ai nuk priti as sa të mblidheshin trimat! I vendosur dhe pa humbur kohë, mori sëpatën dhe i lëshoi zë të birit,

Murselit, që të shkonin në mbrojtje të fqinjit të tyre, Halilit! Ahmeti me të birin Murselin, i marrin sëpatat shpejt e shpejt dhe pa hezituar i shkojnë ne ndihmë fqinjit të tyre. Në derë të oborrit, takohen në rojën serbe dhe aty fillon beteja në mes pushkës se çetnikëve dhe sëpatës se Ahmet Delisë, e cila doli fitimtare duke e lënë në vend rojën serbe. Në brendësi të oborrit, Murseli ia nxjerr pushkën një serbi dhe fillon të godasë, me ç'rast vret disa xhandarë. Në brendësi të oborrit, Murseli ia nxjerr pushkën një serbi dhe fillon të godasë, me ç'rast vret disa xhandarë. Ahmet Delia mësyn kullën, Në të hyrë të saj, në shkallë ndeshet me një tjetër xhandar dhe e godet me sëpatë. Përleshja ishte e ashpër. Ndërkohë Ahmeti plagoset rëndë, kurse trimat e tjerë të Prekazit, si Ramë Islami, Xheladini, Jetullahu, Hajredini e shumë trima të tjerë të pushkës, kishin rrethuar vendin. Në këtë qëndresë heroike të burrave që kishin lidhur besën për ta mbrojtur atdheun, ra në altarin e lirisë, Ahmet Delia, kurse nga ekspe-dita e xhandarëve, 12 mbetën të vrarë, shpëtoi vetëm Jovani. Organizimi luftarak për çlirimin e atdheut në Drenicë, nuk u shua asnjëherë. Përpjekjet për çlirim vazhduan nën udhëheqjen e trimit të shquar Shaqir Smaka, ndërkaq pas rënies së tij, Lëvizjes i priu Azem dhe Shotë Galica. Gjatë tërë kohës së rezistencës për çlirim kombë-tar, Murseli, i biri i Ahmet Delisë, ishte ndër luftëtarët më të shquar në çetën e Azem Bejtë Galicës dhe njeriu më i afërt i tij. Murseli nuk e hoq për asnjë çast pushkën nga krahu. I vetmi trashëgimtar i Murselit, nga gjinia mashkullore, mbeti i biri i tij, Zeneli, i cili nuk jeton më. E tërë veprimtaria e Ahmet Delisë ishte në shërbim të organizimit të rezistencës për çlirimin dhe ribashkimin e atdheut.

*Ahmet Delia*
*Luftëtar popullor nga Drenica*

*Mursel Delia*
*Bashkëluftëtar i Azem Galicës*

# TAHIR MEHA
## TRIMI QË LA TË VRARË 13 MAJN!

Burri i Dheut - trim i paepur, paraardhës i sakrificës ademjashariane për atdheun, Tahir Nebih Meha u lind, më 10 tetor 1943, në Prekaz të Drenicës, Panteon i dëshmuar i shqiptarizmës. I ndjekur nga i ati, 71 vjeç, Nebihu, Kullën stërgjyshore e ktheu në varr të hapur për push-tuesin jugosllav të tokave shqiptare, më 13 maj 1981. Gjyshi i Tahirit, Emin Lati ishte pjesëtar i Lëvizjes Kombëtare Kaçake të Kosovës, bashkëluftëtar i Azem Bejtës. Ishte Burrë i vendit e i kuvendit, symp-rehti i Çetës. Pas vrasjes së Azem Bejtës, më 14 qershor 1924, Emini e ruajti pushkën e Azemit me admirim e me krenari dhe, më 1941, ia dorëzoi të birit, Nebihut, që ky ta nderonte shqiptarinë në Mbrojtjen Kombëtare të Kosovës në Sanxhak, pjesë historike e Shqipërisë. Pushka e Azem Bejtës në dorën e Nebihut shkëlqeu edhe në Luftën e Drenicës, nën udhëheqjen e Shaban Palluzhës.

Tahir Meha

Nebih Meha

# 13 MAJ 1981

Krejt Kosova ishte ngritur në këmbë dhe po kërkonte lirinë, të drejtat e veta që shkeleshin me dekada e shekuj nga pushtuesi serb. Rënia e shumë të rinjve që kërkonin liri, ngriti me mijëra të tjerë në këmbë, studentë, punëtorë, të rritur e të moshuar, bujq e arsimtarë, nxënës e nxënës e pensionistë. Pushka e Tahir Mehës dhe zëri i tyre tundën themelet e ish-Jugosllavisë pushtuese të asaj kohe! Ishte 13 maji 1981, Dita e themelimit të milicisë jugosllave. UDB-ja dëshironte që këtë festë ta shënonte me fitore duke e zënë Tahirin e shumëkërkuar. Pushtuesi kishte planifikuar lavdinë e këtij aksioni që do ta forconte imazhin e njësitit special të milicisë së UDB-së. Planet e Beogradit ia prishi grykëholla e Tahir Mehës me babën plak, Bacë Nebihun, të cilët, me rezistencën e tyre heroike, detyruan pushtuesin serb që në fushëbetejën e Drenicës të nxjerrin një arsenal të tërë armatimi, makinerinë luftarake dhe qindra e mijëra ushtarë e milicë, të cilët po përballeshin me dy burra të Drenicës. Këtë aksion të mili-cisë po e ndihmonin edhe milicë rezervë të mbështetur me tanke e helikopterë që po sillej mbi qiellin e Drenicës. Një shtet i tërë ishte ngritur në luftë kundër Tahirit dhe babait të tij. Këtij arsenali luftarak, Tahir Meha me babën plak i rezistoi për 20 orë. Tahiri me Bacë Nebihun qëndruan të palëkundur nga pozitat e tyre. Tahiri luftonte dhe këndonte përnjëherësh: *"O moj Shqipni, mos thuj marova…!"*, zë ky që e vriste armikun sikurse plumbi i trimit që qëllonte mbi ta. Kjo qe një ndër goditjet më të rënda që po i përjetonte ish-shteti i Jugosllavisë. Tahiri Meha me babanë plak, e vuri në lëvizje një shtet të tërë, makinerinë dhe strategjinë luftarake të pushtuesit serb. E hodhën për tokë moralin e maskuar të sistemit komunisto-jugosllav, gjoja mbi barazinë e popujve!? Qëndresa e Tahirit i dha fuqi e guxim të pashembullt popullit shqiptar drejt përgatitjes për luftën e drejtë çlirimtare kundër pushtuesit serb. Pushka e Tahir Mehës la të vrarë 13 Majin e pushtuesit dhe ngriti një 13 Maj shqiptar me heroizmin dhe kushtrimin për luftë kundër të gjithë atyre që e shkelin tokën arbërore. Tahiri nuk e bëri luftën për emër e nam, as për këngë e histori, por emri, nami, kënga e historia lindën në themelet e kullës se tij. Gjyshi i tij, Emin Lati - Meha, ishte bashkëluftëtar i Azem Bejtë Galicës, ndërsa babai i tij, Nebihu ishte bashkëluftëtar i Shaban Palluzhës dhe më vonë i vëllai i Tahirit, Beqiri, ishte rreshtuar me kohë në radhët e UÇK-së dhe kishte rënë dëshmor i lirisë së atdheut. Nuk ka diçka më madhështore, diçka më hyjnore e më fisnike se në altarin e lirisë se atdheut të flijohen tre breza me radhë.

# JASHARAJT TEMPULL I LIRISË

Para gjashtë brezave, nga tre vëllezër, Jashari, Meha dhe Kadriu, do të krijohen tri lagje në Prekaz të Drenicës, fshat ky më i zëshmi në historinë e re kombëtare. Njërës prej familjes së këtyre tri lagjeve, asaj që do të pagëzohet me emrin e të parit prej tre vëllëzërve që më vonë trashëguesit e saj do të njihen si Jasharët, historia do t`i japë vulën pas 5 marsit të vitit l998, gjithandej ku frymojnë shqiptarët dhe kudo në botë, të njihet si familja që me sakrificën më sublime, i hapi rrugën lirisë së Kosovës.

*Kulla qëndresë e Jasharajve*

Do të jenë katër, pesë dhe gjashtë brezat e kësaj familjeje, me të cilët do të identifikohet liria e ëndërruar me shekuj, ndërsa plaku i urtë, mësuesi çlirimtar i maleve, Shaban Jashari me djemtë Hamzën e Ademin, me nipat dhe mbesat e tij, me gjakun e tyre, do t`i japin Prekazit nderin që të quhet Vendlindja e lirisë së Kosovës. Në gjithë këtë nder e patriotizëm të cilin Jasharët ia lanë trashëgim historisë së atdheut, Adem Jashari do të jetë figura kryesore.

# TRUNGU I FAMILJES JASHARI

I pari i Jasharëve, Jashari, i kishte pasur tre djem, ndërsa familja e
Komandantit Legjendar Adem Jashari, rrjedh prej djalit të tretë të Jasharit,
Muratit, prej të cilit pastaj janë krijuar brezat e tjerë të familjes Jashari si Fazliu,
Murati, Shabani, pastaj Rifati, Hamza e Ademi. Prej këtij trungu familjar,
djemtë e Shaban Jasharit janë gjenerata e pestë, kurse djemtë e Rifatit, të
Hamzes e të Ademit janë gjenerata e gjashtë.

*Jasharajt tempull lirie*

Murati, emri i të cilit është përtërirë tri herë brenda gjashtë brezave të
familjes Jashari, kishte shkuar ushtar "asqer", në Pleme të Vogël, në vend të
të vëllait, prej nga nuk ishte kthyer më. Murati, atëbotë e kishte lënë të vetmin
djalë, Fazliun, i cili ishte rritur, edukuar e jetuar me ndershmëri. Fazliu, edhe
ky si babai i tij, e kishte vetëm një trashëgimtar, të cilin e kishte pagëzuar me
emrin e babait, Muratit. (Murati i parë ishte gjyshi i Komandantit Legjendar Adem Jashari).
Edhe Muratin sikurse pasardhësit e tij e kishte përcjellë i njëjti fat, edhe ky e
kishte vetëm një djalë, Shabanin, i cili u martua me Zahiden, prej të cilëve
lindën Rifati, Hamza, Ademi dhe pesë vajza, Hava, Zyla, Zoja, Qamilja dhe
Halimja.

# SHABAN JASHARI (1924-1998)

Shaban Jashari që nga fëmijëria, kishte një inteligjencë të larte, të dhuruar nga vetë natyra, posedonte aftësi dhe zgjuarsi natyrore. Atëbotë, në Kosovë nuk kishte shkolla të larta e as fakultete, ku do të mund të shkolloheshin të rinjtë, por Shabani e kishte kryer Medre-senë, ndërsa pas shërbimit ushtarak, e kishte përfunduar me sukses kursin për mësimdhënës. Pas kësaj, Shaban Jashari, intelektuali i parë në atë kohë, kishte filluar të punojë si mësues në Drenicë. Me gjithë vështirësitë e kohës dhe dëshirën e pushtuesit serb për ta lënë në terr arsimin shqip, Shaban Jashari, prej vitit 1949 deri në vitin 1952, punoi mësues në fshatrat Tërdefc, Abri, Prekaz, Klinë, Prello-fc, Lubovec, Skenderaj... Pushteti serb, që me çdo kusht donte ta ndalonte shkollën shqipe, mësuesin Shaban e burgos. Këtë mision të shenjtë dhe atdhetar, ia ndaluan, sepse ai ligjëronte për Skënderbeun, për Flamurin, për Shqipërinë...

Atij ia ndaluan ligjërimin në shkollë, por nuk mundën t'ia ndalojnë edukimin e fëmijëve dhe nipërve të tij. Burgosja dhe largimi me dhunë nga mësonjëtorja,

*Plaku i Shqipërisë-Shaban Jashari me të bijtë Ademin dhe Hamzën*

Atij i jep epitetin "Mësuesi lirimtar i maleve të Drenicës".

Pas daljes nga burgu, Shaban Jashari, për asnjë çast nuk i kishte ndërprerë aktivitetet e tij atdhetare. Ishte pjesëmarrës në demons-tratat e vitit 1968, madje pjesëmarrës i drejtpërdrejtë në ngritjen e flamurit kombëtar në Skenderaj, vit ky i kthesës historike, kur guximi e kishte mundur frikën. Shaban Jashari ishte angazhuar në udhë-heqjen e ceremonisë së varrimit të Nebih e Tahir Mehës në vitin 1981, bashkë me Hamzën dhe Ademin. Po këtë vit, mësuesi Shaban kishte bërë betimin për çlirim dhe ribashkim të trojeve shqiptare, duke formuar celulën e përbashkët "dysh" me Zymer Rrecin. Më 30 dhjetor 1991, sulmohet kulla e plakut Shaban dhe i tërë Prekazi ishte nën vëzhgimin e forcave policore e ushtarake serbe, edhe kësaj radhe Shaban Jashari mbeti i palëkundur nga kulla e tij. Më 22 janar të vitit 1998, në orët e hershme të mëngjesit, nga Fabrika e Municionit të Gjuetisë, rreth 500 metra larg shtëpive të lagjës se Jasharëve, kishin lëvizur forca të policisë serbe, të cilat ishin drejtuar drejt Kullës së Shaban Jasharit, për ta sulmuar atë me armë të llojeve të ndryshme. Meqë atë natë Adem Jashari nuk ndodhej në shtëpi, sulmit të policisë serbe i kishin bërë rezistencë Shabani e Hamza, me nipa e mbesa. Është sulmuar kulla me të gjitha llojet e armëve. Kundërpërgjigjja nga Shabani e Hamza si dhe nga nipat e mbesat e Shabanit ka qenë e madhe, kështu që forcat serbe janë detyruar të tërhiqen. Megjithatë, patën mbetur të plagosura dy mbesat e Shaban Jasharit, Iliriana dhe Selvetja. Vetëm pak orë pasi që forcat serbe ishin zmbrapsur, shumë qytetarë kishin mësyrë Prekazin, ata u pritën në kullë nga plaku Shaban Jashari. Policia serbe kishte shenjuar që moti shtëpitë e Jasharëve. Më 5 mars 1998, që në orët e hershme, forca të mëdha ushtarake policore serbe kishin mësyrë Prekazin. Një formacion çetnikësh, të stacionuar që herët në lokacionin e fabrikës së municionit, ishte përforcuar me mjete të rënda artilerie. Sulmi mbi Jasharët nis rreth orës gjashtë të mëngjesit. Në shtëpi ndodheshin pothuajse tërë anëtarët e familjes. Qëndresa heroike e Familjes Jashari zgjat tri ditë, më 5, 6 dhe 7 mars 1998. Në fushën e nderit ranë heroikisht në mbrojtje të kombit e të atdheut 20 anëtarë, 10 prej të cilëve fëmijë, kurse plaku Shaban Jashari, në këtë betejë të lavdisë, vërtetoi epitetin e kahmotshëm "Mësuesi lirimtar i lirisë së Kosovës".

# OSMAN GECI (1943-1998)

Osman Geci, i lindur në Llaushë të Skenderajt, ishte biri i Shaban Gecit, daja i Komandantit Legjendar Adem Jashari. Osmani i qën-droi besnik luftës për liri e bashkim kombëtar, si dhe nipave të vet, që nga dita kur Rifati, Hamza dhe Ademi ia kthyen pushkën pushtuesit serb. Dajë Osmani kishte qëndrim burrëror dhe i vendosur në qëndri-met e veta me dukje prej mashkullores. Ishte njohës i shkëlqyer i his-torisë së popullit shqiptar dhe i luftërave kaçake.

Që nga viti 1981, Dajë Osmani, kudo që ndodhej, nëpër oda, tubime e manifestime ishte ligjërues dhe këshilldhënës se si duhet bërë luftën kundër pushtuesit serb, në fakt ishte kënaqësi ta dëgjoje tek fliste për historinë e lavdishme të shqiptarëve të Kosovës e të Shqipërisë. Për luftën e trimave që kishin luftuar e po luftonin kundër okupatorit serb dhe bashkëpunëtorëve të tyre. Meqë, pushtuesi serb i kishte rënë në gjurmë, Dajë Osmani që i detyruar t'ia vërë armën krahut dhe t'iu ngjitet maleve të Drenicës bashkë me nipat e tij. Ky burrë Drenice, shumicën e kohës e kaloi në Prekaz, te nipat e tij, duke u bërë pjesë e pandarë e grupit të parë të armatosur të Adem Jasharit.

*Osman Geci*

*Hamëz & Adem Jashari*

*Adem e Hamëz Jashari me Nënë Zahiden*

Një natë para Epopesë së Lavdishme të UÇK-së, më 5 mars 1998, Dajë Osmani së bashku me nipin e tij Ademin, u nisën prej fshatit Ticë për në Kullën e Qëndresës në Prekaz. Aty, së bashku me dhëndrin e tij, Shabanin, me nipat Hamëz e Adem Jashari dhe anëtarët e tjerë të Familjes Jashari, për tri ditë rresht luftuan kundër makinerisë policore e ushtarake serbe dhe ranë heroikisht.

# HAMËZ JASHARI (1950-1998)

Hamëz Jashari, ishte djali i dytë i Mësuesit lirimtar Shaban Jashari. Ky djalosh symprehtë, i edukuar kombëtarisht dhe i arsimuar me shkollim të lartë, kishte një dashuri të veçantë për artin. E preferonte shkrimin poetik, vizatonte bukur, aktronte në teatër, vallëzonte dhe këndonte bukur në sharkinë shqiptare. Të gjitha këto dukuri, të dhuruara nga natyra, më vonë do t'i kthejë në artin e bukur luftarak, deri në përjetësi.

Në vitin 1973, Hamëza mbaron shërbimin obligativ ushtarak të asaj kohe. Shkoi për vizitë tek i vëllai i tij, Rifati, në Gjermani, atje ndenji pesë muaj dhe prapë u kthye në vendlindje, duke lënë pas thënien e tij *"…Kurbeti, vendi i huaj s'qenka për mua"*. Viti 1981, viti i kthesës se madhe historike për shqiptarët e Kosovës, Hamzën e gjen të përga-titur dhe të mishëruar për komb e atdhe. Djalosh ky që e kishte vrarë kotjen dhe përgjumjen nga sytë, mendja dhe trupi i tij, i cili bashkë me të vëllanë, Rifatin udhëtuan për në Turqi, me ç'rast i sollën në Kosovë shumë pamfletet me mbishkrimin "Kosova Republikë", ky veprim i asaj kohe ishte madhor, e për ta bërë këtë, duhej guximi i Hamëz Jasharit.

*Hamëz Jashari gjatë interpretimit në teatër*

*Hamëz Jashari*

Që nga ajo kohë e deri në sulmin e parë të forcave çetnike serbe mbi familjen e tij, në vitin 1991, Hamza asnjëherë nuk i ndërpreu aktivi-tetet atdhetare e patriotike në ilegalitet, por, më 30 janar 1991, ai ia vuri armën krahut, haptazi i doli në mbrojtje atdheut, duke iu bashkë-ngjitur të vëllait, Ademit, prej të cilit nuk i ndau as flijimi për komb, dhe e atdhe. Më 22 janar 1998, atëherë kur Ademi nuk ndodhej në Kullë, forca të mëdha speciale serbe, në orët e hershme të mëngjesit e kishin rrethuar kullën e tyre. Kësaj radhe, heroizmi dhe pushka e Hamzë Jasharit mauzerkën e plakut Shaban e bëri më të fuqishme, duke i zmbrapsur forcat speciale, e kthyer kokë ulur e me faqe të zezë kah Beogradi fashist. Që nga ajo kohë, Hamza ishte organizator me vizion dhe pjesëmarrës i shumë aksioneve kundër policisë serbe. Epopenë e Lavdishme të UÇK-së, më 5, 6 dhe 7 mars 1998, pushka dhe kënga e Hamzë Jasharit ishte bërë tmerr për çetnikët serbë dhe për tri ditë rresht nuk ndaluan as krismat çlirimtare të Jasharëve, e as kënga e trimave në Kullat e Qëndresës. Në këtë betejë që u zhvillua tri ditë radhazi kundër forcave policore, ushtarake dhe paramilitare serbe, së bashku me Komandantin Legjendar Adem Jashari, trimin e pa-shembullt e vizionarin Hamzë Jashari, nga familja e tyre, në fushën e nderit ranë heroikisht në mbrojtje të kombit e të atdheut 20 anëtarë të Familjes se Shaban Jasharit dhe 36 të tjerë të lagjes Jasharaj që rezistuan në këtë betejë, në mesin e tyre edhe Hasani dhe Aliu nga Luboveci, të cilët i qëndruan besnikë Kullës Qëndresë.

# ADEM JASHARI (1955-1998)

Më 28 nëntor 1955, Shaban Jasharit, krahas Festës së Flamurit, që e festonte për çdo vit, iu shtua edhe një festë tjetër, Datëlindja e djalit të cilin e pagëzoi me emrin Adem. Ishte e natyrshme që djepin e të por-salindurit ta mbulojë me flamurin e Skënderbeut. Kështu ndodhi atë ditë në familjen Jashari, në Prekazin e Ahmet Delisë. Familjes se Shaban Jasharit iu shtua edhe një pushkë, në Drenicë jehuan krismat e pushkëve për flamur dhe ushtarin e porsalindur të lirisë së Kosovës.

Atë ditë, Flamuri - Lindja - Krisma e jehona ishin lavdi për Prekazin, Drenicën, Kosovën e krejt shqiptarinë. Adem Jashari erdhi në këtë botë me të vetmin ndryshim nga gjithë moshatarët e tij, sepse ky u lind në ditën e fitoreve më të lavdishme të popullit shqiptar, në Ditën e 28 Nëntorit. Shabani ishte i kujdesshëm me të gjithë fëmijët, por ndaj Ademit tregonte një kujdes të veçantë, ndoshta pse i kujtohej dita e lindjes, i kujtoheshin krismat e pushkës dhe jehonat e përsë-ritura të atyre krismave në 28 Nëntorin e vitit 1955. Kështu po rritej Ademi së bashku me vëllezërit e tij, Rifatin dhe Hamzën. Ai kishte një interesim të veçantë për armët, për bëmat e trimave gjatë histo-risë,

*Kryekomandanti i UÇK-së Adem Jashari*

e sidomos i interesonte akti burrëror i Ahmet Delisë.

Sëpata e Ahmet Delisë, ajo që bandës çetnike ia ndau kokat më dysh, ishte bërë legjendë, legjendë e historisë në mbrojtje të nderit dhe dinjitetit kombëtar. Akti i flijimit të Ahmet Delisë ishte edhe një mësim shtesë për të dëshmuar veprën heroike të bashkëvendësve që kishin filluar prej kohësh duke kundërshtuar me armë bandat çetnike serbe. Kështu, këtë mesazh më së miri e kuptoi Adem Jashari, i cili që në moshën rinore u angazhua në veprimtarinë patriotike ilegale, duke marrë pjesë aktive në demonstratat e pranverës së vitit 1981. Menjëherë pas kësaj, një ngjarje tjetër që i dha të kuptojë Adem Jasharit dhe familjes së tij se pushteti serb nuk duhet lejuar që të zgja-së sundimin e tij, ishte edhe rezistenca e Tahir e Nebih Mehës kundër forcave ushtarake policore jugosllave. Ky akt i flijimit për atdhe, i Tahir e Nebih Mehës, la mbresa të thella në shpirtin dhe vendosmë-rinë e Shaban, Adem dhe Hamëz Jasharit, të cilët në ceremoninë e varrimit të këtyre dëshmorëve, u betuan para trupit të Tahir Mehës se, *"Luftën që nise ti, do ta vazhdojmë ne, deri në pikën e fundit të gjakut"*. Përcaktimi për t'u flijuar për atdhe ishte akti më sublim i trimit Adem Jasharit dhe familjes së tij. Kjo dëshmon se cili ishte orientimi i tij në kërkim të shtigjeve të lirisë dhe se si duhet bërë përp-jekje dhe sakri-ficë për ta çliruar vendin nga dhuna dhe terrori i pushtetit serb. Demonstratat e vitit 1981, ngjarjet e Pranverës së madhe studentore, të cilat u shndërruan në lëvizje të madhe popu-llore, që me vite mbaj-tën të ndezur flakadanin e lirisë e të çlirimit të kombit, patën ndikim magjik në brezin që formuan, organizuan dhe udhëhoqën politikisht dhe ushtarakisht Ushtrinë Çlirimtare të Kosovës. Adem Jashari dhe çeta e tij ka qenë dhe ka mbetur bërthama themeltare e Ushtrisë Çlirimtare të Kosovës. Më 3 nëntor 1991, Adem Jashari me grupin e tij shkoi në Shqipëri për t'i kryer ushtrimet e duhura ushtarake dhe për t'u stërvitur për luftën e armatosur. Në këtë grup bënin pjesë Adem Jashari, i cili i printe grupit, Ilaz Kodra, Sahit Jashari, Fadil Kodra, Murat Jashari dhe 50 të rinj tjerë nga të gjitha trevat shqiptare, e që në fakt, këta të fundit ishin grupi i dytë. Në përgatitjet ushtarake, Ademi tregoi aftësi dhe cilësi të larta në për-vetësimin e artit të përdorimit të armëve të ndryshme për luftën çlirimtare. Adem Jashari, ndryshimet që po bëheshin në vitet 90, i shihte me optimizëm, prandaj sinqerisht e vendosmërisht nisi anga-zhimin e tij në sferën ushtarake, për organizimin e luftës çlirimtare. Pas përfundimit të stërvitjes, ky grup

*Kryekomandanti i UÇK-së Adem Jashari*

kthehet në Drenicë më 7 dhjetor 1991, i pajisur me armatim. Ky grup i kishte dhënë detyrë vetes që t'i zgjerojë radhët në formacione të armatosura. Kur në fund të vitit 1991, në Kosovë po bëheshin arrestime të të gjithë atyre që ishin përgatitur në Shqipëri, Adem Jashari do të njoftojë çetën e tij dhe të kërkojë nga ata që të ishin vigjilentë se çdo natë armiku mund t'u trokiste në porta. Ai do t'u thotë shokëve: *"Armët nuk i kemi marrë që t'ia dorëzojmë armikut, por që ta luftojmë deri në fishekun e fundit"*. Më fjalën e Komandantit u pajtuan të gjithë. Dhe, nuk vonoi dita kur armiku do të trokasë në portën e Jasharëve. Ishte mëngjesi i hershëm i 30 dhjetorit 1991, kur armiku me një makineri të tërë policore kishte rrethuar Jasharët dhe kërkonin dorëzimin e Adem Jasharit. Adem Jashari me vëllezër e shokë, apelit të armikut për dorëzim iu përgji-gjën me breshëri plumbash nga shumë drejtime. Pavarësisht se policia kishte angazhuar numër të madh këmbësorie, madje edhe tek-nikë të rëndë, autoblinda dhe helikopterë, pas rezistencës së grupit, nuk arrin t'i mposhtë luftëtarët. Pas kësaj përleshjeje me forcat e policisë serbe, tërë grupi i Adem Jasharit kalon në ilegalitet.

Ishte e qartë se Çeta e Prekazit, në krye me Adem Jasharin, kishte vendosur epokën e luftës çlirimtare, ata mes jetës së burgut e të poshtërimit, kishin zgjedhur jetën e lavdisë e të lirisë. Vetëm të guxi-mshmit nëpër kohë të ndryshme i kanë ndërruar rrjedhat e historisë, kështu ndodhi edhe me Adem Jasharin. Kështu nisin aksionet luftarake mbi policinë e armikut, fillimisht në Drenicë, për t'u përha-pur më vonë ne Llap e Dukagjin, në Shalë e kudo në Kosovë. UÇK-ja po bëhej shpresë për popullin dhe tmerr për armikun. Adem Jashari ishte kudo. Ai po bëhej legjendë. Ai ishte kudo ku sulmohej armiku, ishte në çdo cep të Kosovës. Objekt sulmi, Adem Jashari i kishte patrullat e policisë serbe dhe stacionet policore, si në Skenderaj, në Mitrovicë, tek Ura e Gjakut, në Shipol, në Runik, në Drenas e vende të tjera, kurse me urdhrin e tij janë bërë aksione të armatosura në Shtime, Prizren, Klinë etj. Për dallim nga disa grupe të tjera që kishin ushtruar po ashtu në poligonet ushtarake në Shqipëri, i vetmi formacion, (bërthama) i Adem Jasharit nuk ishte shpërbërë asnjë-herë dhe në asnjë mënyrë. Më 5 prill 1993, në kullën e Adem Jasharit është mbajtur një takim i rëndësishëm. Përveç pjesëtarëve të formacionit të armatosur të Adem Jasharit, në këtë takim morën pjesë edhe disa veprimtarë politikë. Në këtë takim u vendos që të zgjerohet formacioni ushtarak i Adem Jasharit. Pikërisht në këtë takim, Adem Jashari propozon që aksionet që kryheshin në Kosovë, të bëhen në emër të "Ushtrisë së Kosovës". Në këtë takim, Adem Jashari u emër-ua Komandant i Ushtrisë së Kosovës. Sulmet mbi forcat policore serbe tashmë kishin një koordinim. Nga koordinimi, zgjerimi dhe strukturimi i grupeve të armatosura, në vitin 1993, krijohet Ushtria Çlirimtare e Kosovës. Në vitin 1997, nga Gjykata e Qarkut e Prishti-nës, në mungesë, shqip-tohet dënimi me burg njëzet vjet për Adem Jasharin, dhe formacionin e tij ushtarak. Më këtë rast, mund të thuhet se Adem Jashari ka qenë i dënuar jo me 20, por me 60 vjet burg, pasi që Serbia e kishte dënuar atë tri herë me nga 20 vjet burg në mungesë: në vitin 1991, pastaj 1996, dhe së fundi më 1997. Njësiti luftarak i Prekazit identifikohet me emrin e Adem Jasharit, në saje të cilësive të larta strategjike, luftarake, në saje të karakterit dhe tipareve të tij ushtarake. Të gjithë njerëzit e interesuar që përmes kryengritjes së armatosur ta zgjidhin problemin e Kosovës, ishin të interesuar të kontaktonin personalisht me Adem Jasharin, i cili tashmë, vite e vite qëndronte në Kosovë, në baza të shumta. Bërthama e tij luftarake, struktura e tij e armatosur ishte e gatshme për t'u rritur dhe për t'u zgjeruar. Intensifikimi i aksioneve të armatosura të UÇK-së fillon me sulmin e shtatorit 1997 në 12 stacionet e policisë serbe. Dhuna siste-matike e forcave serbe nëpër Kosovë, bëri që formacionet e UÇK-së të kalojnë në një fazë tjetër të veprimit, të ndeshjes së drejtpërdrejtë me forcat serbe, pra në beteja frontale.

Më 26 nëntor 1997, në Rezallë të Re, forcat e armatosura çlirimtare, të udhëhequra nga Adem Jashari, zhvilluan një betejë të ashpër me forcat e shumta të policisë serbe. Në këtë betejë i ndërpritet rruga kolonës së armatosur rëndë të forcave serbe, që kishin mësyrë fshatin Vojnik, ku një ditë më parë, patrullat e maskuara të policisë serbe ishin gjuajtur me armë zjarri nga njëri prej luftëtarëve të hershëm të UÇK-së, Abedin Rexha-Sandokani. Në këtë betejë printe Adem Jashari përkrah luftëtarëve tjerë të lirisë si; Mujë Krasniqi, Ilaz Kodra, Sylejman Selimi, Jetullah Geci, Sabit Geci, Rexhep Selimi e disa të tjerë.

Më 22 janar 1997, Policia serbe, me njësitet e saj speciale organizoi një sulm mbi shtëpinë e Jasharëve, me qëllim që ta zhdukë këtë çerdhe të rrezikshme të Ushtrisë Çlirimtare të Kosovës, por, falë guximit të Familjes Jashari, armiku

*Adem Jashari me bashkëluftëtarë*

*Kryekomndanti Adem Jashari me bashkëluftëtarë*

u tërhoq pa arritur qëllimin. Një sulm i tillë, diversant dhe i befasishëm, do ta zinte në befasi edhe një garnizon ushtarësh profesionistë, por jo familjen e Adem Jasharit. Njësitet e UÇK-së, të prira nga Komandanti i tyre Adem Jashari, kishin filluar fazën e re të veprimit në territorin e Drenicës. Në Likoshan, më 28 shkurt e 1 mars 1998, zhvillohet një betejë në mes të njësitit të UÇK-së dhe tri patrullave serbe. Në këtë betejë vriten katër policë serbë dhe plagosen dy. Në shenjë hakmarrjeje, policia speciale serbe bëri masakër mbi civilët e pafajshëm në Likoshan dhe Çirez. Armiku pas disfatës së 22 janarit kishte filluar përgatitjet për një sulm të përmasave të mëdha policore dhe ushtarake. Ky sulm do të fillojë në mëngjesin e hershëm të 5 marsit 1998, pak ditë pasi policia armike kishte pësuar disfatë të Lisat Gjashtnjak, në Likoshan.

# BETEJA E 5, 6, 7 MARSIT 1998

Në natën ndërmjet 4 e 5 marsit 1998, Prekazi dhe familja e Koman-dantit Adem Jashari, rrethohen nga forcat ushtarake e policore serbe. Sulmi nis rreth orës gjashtë të mëngjesit. Forcat policore dhe ushtarake serbe në fillim sulmonin nga këto pozicione: Fabrika e Municionit, kodrat e Skenderajt, nga Lisat e Xanit e pozicione të tjera. I menjëhershëm, i fuqishëm, i guximshëm dhe me strategji të përsosur luftarake ishte edhe kundërpërgjigja e Kryekomandantit Legjendar Adem Jashari dhe familjes së tij.

Në ditën e parë, më 5 mars 1998, e gjithë familja e Adem Jasharit filloi luftimet, e përgatitur për rezistencë deri në pikën e fundit të gjakut të Jasharëve. Sipas rrëfimit të Besarta Jasharit, dëshmitare e Epopesë së lavdishme, *"...ditën e parë u zhvillua luftë e madhe, gjatë tërë ditës shtëpitë u granatuan. Atë ditë u vra vetëm Adilja, gruaja e Ademit. Ajo u vra në shkallët e njërës shtëpi, pasi ajo kishte shkuar për të marrë municion në katin e tretë të shtëpisë, ku i kishin dhomat e mbushura me armatim. Tërë dita shkoi me gjuajtje të fuqishme të forcave serbe, ndërsa në mbrëmje të shtënat*

*Pas betejës së 5, 6, 7 marsit 1998*

*Hamëz e Adem Jashari*

*u qetësuan. Në Ademi së bashku me djemtë, Blerimin, Kushtrimin dhe Igaballin, i mbushnin karikatorët dhe bëheshin gati për luftën e ditës tjetër. Ata e vëzhgonin dhe e përcillnin me shumë kujdes situatën".*

Në ditën e dytë të sulmit, më 6 mars 1998, mbi familjen Jashari, luftimet, sipas rrëfimit të Besartës, filluan kështu: *"Që në mëngjes, nisën përsëri granatimet e forcave serbe. Granatat binin në çdo pjesë të shtëpive dhe të oborrit. Copat e një granate dhe gojëzat e saj e zunë përfundi Igballin, djalin e bacit Rifat. Granatimet vazhduan të jenë edhe më të fuqishme, ndërsa nga copat e granatave filluan të vriten edhe anëtarët e tjerë të familjes. Ademi e Hamza, së bashku me, djemtë e familjes, rezistonin në pozicionet e tyre. Më tragjikja ka qenë një granatë, e cila i ra bodrumit dhe e çau atë në dy pjesë, duke e shkatërruar atë. Ajo granatë i vrau edhe disa prej anëtarëve të tjerë të familjes sonë. Nga kjo granatë dhe disa të tjera që u hodhën rresht, nga plagët e marra vdiqën edhe Hidajetja, vajza e Rifatit dhe motra ime, Fatimja, që ishte dy vjet më e vogël se unë. Të gjallë ende ishin Besimi, Kushtrimi dhe Ademi, që luftonin pa ndërprere.*

Në ditën e tretë të sulmit, më 7 mars 1998, që konsiderohet si dita e lavdishme e Epopesë së UÇK-së, nga Besarta përshkruhen edhe momentet e fundit dhe kryesore për luftimet në shtëpinë e Jasharëve;

*"Ademi lëvizte prej pozitës që kishte te një mur në oborr dhe vinte kah vendi ku ishim ne të strehuar. Pas vrasjes së shumicës së anëtarëve të familjes, vritet edhe Besimi. Afër derës së bodrumit, ku ishim strehuar, bie edhe Ademi, në përpjekje për të na mbrojtur. Të gjallë ishim vetëm unë e Kushtrimi. E kam parë Ademin kur e ka marrë plumbi, ka rënë te shtylla afër shkallëve të shtëpisë, aty u vra. Pas rënies së tij, djali i tij, Kushtrimi (atëherë 13-vjeçar), e mori automa-tikun dhe u nis në drejtim të një pozicioni tjetër në oborr, sepse policët serbë veç ishin futur nëpër disa depo që i kishim. Në ballafaqim me ta, Kushtrimi ka rënë midis dy shtëpive me automatik në dorë. Kur nuk mbeti më asnjë i gjallë, vetë fillova të shkoja te trupat e secilit duke i prekur dhe duke thirrur me zë në mos kishte mbetur dikush i gjallë. I thirrja në emër, por s'përgjigjej askush. Krejt kjo po zhvillohej kah fundi i luftës, në ditën e tretë të sulmit, paradite".*

Adem Jashari dhe familja e tij, sulmit armik iu përgjigjen me sulm. Pas një rezistence të gjatë dhe heroike, tri ditë e tri net, armiku arriti të djegë e shkatërrojë Lagjen e Jasharëve, por jo kurrë vendosmërinë për të vazhduar luftën për liri e bashkim kombëtar. Adem Jashari deri në rënie s'e ndali pushkën për liri dhe këngën për Shqipëri. Ushtria Çlirimtare e Kosovës humbi prijatarin e saj. Kosova fitoi koman-dantin legjendar. Me aktin e rënies se Jasharëve, Kosova mundi fri-kën dhe për lirinë e saj u hapen shtigje të reja. Adem Jashari solli kualitet të ri në filozofinë dhe mendësinë e shqip-tarëve për jetën, atdheun, lirinë për nderin dhe dinjitetin e kombit. Rënia heroike e Adem Jasharit i dha shtytjen më të fuqishme mobili-zimit, strukturimit dhe profesionalizimit të Ushtrisë Çlirimtare të Kosovës. Pra AI ËSHTË I GJALLË.

---

Sipas rrëfimit të Besarta Jasharit, dëshmitare e Betejës titanike të 5, 6, 7 marsit 1998

# RRETHIMI I KULLËS SË JASHARËVE NË PREKAZ, MË 5, 6 DHE 7 MARS 1998

Edhe pse Prekazin e kishin sulmuar më 22.01.1998, pikërisht shtëpi-në e Shaban Jasharit, çetnikët serbë nuk u ngopën vetëm me disa të plagosur e të vrarë, por, të njëjtit, tani me formacionet policore ushta-rake, më datën 05.03.1998, në orët e hershme të mëngjesit kishin filluar një sulm të ri mbi Prekaz. Pikësynim kishin prapë kullat e Shaban Jasharit. Rreth e përqark Fabrikës së Municionit në Skën-deraj, më 3 dhe 4 mars, ishin dislokuar forca të shumta të artilerisë së rëndë. Po ashtu, policia serbe kishte bërë përforcime të shumta nëpër të gjitha postblloqet e saj në Drenicë. Në orën 5:30 të datës 5 mars, artileria serbe, nga Fabrika e Municionit fillon gjuajtjet në drejtim të kullës së Shaban Jasharit dhe të të gjithë Jasharëve. Lufta dhe qëndre-sa titanike e kryetrimave në Prekaz kishte dhënë kushtrimin në të gjitha trojet e Shqipërisë dhe në mërgatë. Anteu i lirisë, Adem Jashari, kishte marrë vendimin historik, vendi-min më të vështirë dhe më të dhembshëm që ka marrë ndonjëherë njeriu, gjatë tërë historisë së qytetërimit.

*-Nuk do të dorëzohemi për së gjalli!*

*-Vrastarët nuk do të kalojnë, veçse mbi trupin tim të vdekur!*

Tashmë ishte e largët koha kur thirrja e çetave të trimave të Drenicës: "Prite Azem Galicën, ore!", ua kallte datën hordhive të krajlit serb. Vitet dhe dekadat e robërisë së Kosovës kishin venitur në kujtesën e sunduesit serb, pamjen e dragoit të Galicës, që fluturonte hipur në kalë. Vetëm atëherë kur lubisë serbe i doli përballë uniforma e UÇK-së, si fantazmë tmerruese, pushtuesit serbë, sikur të parët e tyre dikur, filluan të ndiejnë dridhjen nën këmbë të tokës arbërore. Ushtria dhe policia serbe kishte provuar disa herë ta kafshonte Dreni-cën: në Prekaz, në Llaushë, në Vajnik, në Likashan, në Qirez e sërish në Prekaz. Më 5 mars, ajo po rikthehej edhe një herë te Prekazi i legjendave të trimërisë, për ta kafshuar helmueshëm Drenicën. Po sulmohej Kështjella e Jasharëve, ku ruhej i paprekur nderi shqip-tar. Ajo kishte brenda zemrën e madhe të kryekomandantit të luftës për liri, Adem Jashari, plakun fisnik Shaban Jashari, trimin e paepur Hamëz Jashari, nipat dhe mbesat e Shotës.

Mëngjesi i asaj dite të acartë marsi, bashkë me krismat dhe me zjarrin e topave, po derdhte mbi Prekaz edhe tërë llahtarinë e barbarisë serbe. Por, atë çast, brenda kështjellës u mor vendimi i madh:

*-Nëse duhet vdekur dikush, më mirë unë, sesa Kosova ime,* - kishte thënë Kryekomandanti.

*-Nëse duhet vdekur dikush, më mirë të gjithë ne, sesa Atdheu*, -kishin thënë të gjithë Jasharët në Kështjellë.

Po shkrepnin pushkët, e po këndonte zemra shqiptare. Pushka dhe kënga e trimave po shkruanin simfoninë e qëndresës së pamposhtur, jehona e tyre po prekte rrënjët dhe majën e historisë së luftës sonë për liri. Në Prekaz po bëhej historia.

Kështjella e Jasharëve po bëhej muranë e lirisë.

## Në këtë operacion shfarosës nga forcat serbe ranë:

1. Adem Shaban Jashari (1955-1998), Prekaz
2. Adile B. Jashari (1957-1998), Prekaz
3. Afete H. Jashari (1980-1998), Prekaz
4. Afije A. Jashari (1938-1998), Prekaz
5. Ajvaz K. Jashari (1980-1998), Prekaz
6. Ali R. Jashari (1937-1998), Prekaz
7. Avdullah Z. Jashari (1982-1998), Prekaz
8. Bahtije M. Jashari (1953-1998), Prekaz
9. Beqir B. Jashari (1955-1998), Prekaz
10. Besim H. Jashari (1981-1998), Prekaz
11. Blerim H. Jashari (1985-1998), Prekaz
12. Blerim Z. Jashari (1992-1998), Prekaz
13. Blerina H. Jashari (1991-1998), Prekaz
14. Bujar Z. Jashari (1987-1998), Prekaz
15. Elfije S. Jashari (1963-1998), Prekaz
16. Elheme U. Jashari (1938-1998), Prekaz
17. Faik T. Jashari (1964-1998), Prekaz
18. Fatime H. Jashari (1989-1998), Prekaz
19. Fatime S. Jashari (1970-1998), Prekaz
20. Fatime Xh. Bazaj (1978-1998), Tërstenik
21. Feride H. Jashari (1955-1998), Prekaz

22. Fitim A. Jashari (1980-1998), Prekaz
23. Hajrije Z. Jashari (1957-1998), Prekaz
24. Hajzer Z. Jashari (1969-1998), Prekaz
25. Halil B. Jashari (1960-1998), Prekaz
26. Halit I. Jashari (1934-1998), Prekaz
27. Hamdi S. Jashari (1960-1998), Prekaz
28. Hamëz Sh. Jashari (1950-1998), Prekaz
29. Hamide S. Jashari (1910-1998), Prekaz
30. Hamit H. Jashari (1934-1998), Prekaz
31. Hanife Z. Jashari (1981-1998), Prekaz
32. Hidajete R. Jashari (1979-1998), Prekaz
33. Igball R. Jashari (1981-1998), Prekaz
34. Igballe R. Jashari (1989-1998), Prekaz
35. Isak F. Halili (1934-1998), Duboc
36. Kajtaz M. Jashari (1953-1998), Prekaz
37. Kushtrim A. Jashari (1985-1998), Prekaz
38. Lirie H. Jashari (1983-1998), Prekaz
39. Mihrije F. Jashari (1942-1998), Prekaz
40. Murtez Z. Jashari (1979-1998), Prekaz
41. Nazmi Z. Jashari (1967-1998), Prekaz
42. Osman Sh. Geci (1943-1998), Llaushë
43. Qazim O. Jashari (1948-1998), Prekaz
44. Qerim H. Jashari (1942-1998), Prekaz
45. Ramiz S. Jashari (1974-1998), Prekaz
46. Sabrije Z. Jashari (1976-1998), Prekaz
47. Sadik H. Jashari (1932-1998), Prekaz
48. Salë Sh. Jashari (1943-1998), Prekaz
49. Selvete H. Jashari (1977-1998), Prekaz
50. Shaban M. Jashari (1924-1998), Prekaz
51. Shahin Q. Jashari (1973-1998), Prekaz
52. Sherif B. Jashari (1951-1998), Prekaz
53. Sinan R. Jashari (1935-1998), Prekaz
54. Smajl A. Jashari (1951-1998), Prekaz
55. Smajl Xh. Bazaj (1980-1998), Tërstenik

56. Ukshin Q. Jashari (1976-1998), Prekaz
57. Valdete R. Jashari (1983-1998), Prekaz
58. Zahide Sh. Jashari (1924-1998), Prekaz
59. Zarife B. Jashari (1948-1998), Prekaz

*Mes të rënëve kishte 15 fëmijë të moshës 7 deri 16 vjeç dhe 17 femra. Ndër të rënët kishte pleq e plaka deri në moshën 74-vjeçare. Të gjithë të rënët e identifikuar dhe të paidentifikuar policia i varrosi më 10 mars, pa respektuar kurrfarë normash të traditës ose të rregullave të varrimit dhe pa e bërë ekspertizën mjeko-ligjore. Sulmit i mbijetoi vetëm një vajzë, Besarta.*

*Kompleksi Memorial "Adem Jashari"*

Burimi:
-Kosova e Lirë, /Përkujtojmë Dëshmorët e kombit/-Familja Jashari - Beteja 5,6,7 mars1998
-Xhevat Imeri, Shënime nga Kompleksi Memorial "Adem Jashari", Prekaz

# DËSHMI HISTORIKE

**Letër nga Drenica**

*Letra është dërguar nga Adem Jashari, e shkruar nga i vëllai Hamëza dhe e nënshkruar nga një grup luftëtarësh të Drenicës. Është e shkruar thjesht, si gjithçka që është madhërisht e bukur, pa fjalë të mëdha dhe pa mburrje, e cila mbart në vete dëshmi historike.*

**Dhjetor 1997**

### Të dashur shokë e vëllezër

Disa të dhëna rreth ngjarjes në fshatin Vojnik, të ndodhur më 25 nëntor 1997 në mes të forcave tona dhe të policisë sekrete të okupatorit serb. Ngjarja fillon me lajmërimin e një automjeti civil të tipit Niva, me katër persona civilë, i cili bënte lëvizje të dyshimta në fshat, nga lagjja në lagje. Atë e vërejtëm dhe e përcollëm derisa erdhi te lagjja e Binakajve dhe pikërisht afër shtëpisë ku gjendet veprimtari ynë. Sipas rrëfimit të shokut, ky tentoi t'i identifikojë, por ata tentuan ta tradhtojnë duke u paraqitur njëri prej tyre se "jemi shqiptarë" dhe posa ai e mbaron fjalën, njëri prej tyre shtie disa herë me revolver, në drejtim të veprimtarit tonë. Shkathtësia e tij e shpëtoi nga plumbat dhe me shpejtësi të madhe ky ia kthen automatikun dhe e qëllon auto-mjetin dhe dihet se i ka qëlluar disa nga të ndodhurit brenda. Të dysh-imtët largohen me shpejtësi të madhe nga vendi i ngjarjes, duke lënë në vend shenjat e xhamave të thyer dhe shenja gjaku. Kjo ka ndodhur rreth orës 14:00. Pasi largohen të dyshimtët, ky kthehet në shtëpi dhe bashkohet edhe me tre shokët e tjerë, të cilët ishin të gatshëm për ndihmë, por rreziku mendohej se kaloi. Vendosën të mos largohen nga fshati se mos ndodh ndonjë inter-venim i mundshëm policor. Ashtu edhe ndodhi. Pas dy orësh, pra rreth orës 16:00, në fshat hyjnë dy autoblinda, të shoqëruar edhe nga një Nivë dhe mësyjnë lagjen e Binakajve. Këta, shokët tanë, i zënë pozicionet në malin e afërt dhe në gardhiqet e afërta. Posa mbërrin ekspedita ndëshkuese e forcave speciale, zbresin nga blindat dhe fillojnë të shtien në drejtime të ndryshme, për të përhapur panik, por, në atë kohë, forcat tona, të përbëra, siç e thamë edhe më lart, nga katër persona, hapin zjarr dhe e kthejnë konfliktin mes tyre dhe ekspeditës ndëshkuese serbe.

Të pabarabartë në numër e në teknikë, bëhet tërheqja në drejtim të pyllit.

Forcat speciale serbe shtinin pa ndërprerje dhe filluan të afrohen, çka u detyruam të përdorim bombat, edhe pse të pakta. Atëherë, me përdorimin e bombave, serbët u tërhoqën në autoblinda dhe lufta bëhej vetëm nga autoblindat. Kjo zgjati deri rreth orës 18:00, por nuk mundën të na shtyjnë nga pozicioni që e zumë në pyll. Kjo i shtyri të largohen me shpejtësi të madhe nga lagjja dhe fshati.

Nga ana jonë, nuk patëm viktima as të plagosur, kurse nga ana e armi-kut ka pasur shenja gjaku në vendin e ngjarjes, sidomos të shumta ishin aty ku janë përdorur bombat.

Sa i përket organizimit të mëvonshëm dhe informimit të anëtarëve, ngjarja zhvillohet kështu: Në organizimin tonë ekzistojnë edhe vëzhguesit e terrenit. Njëri prej tyre vëren autoblindat duke shkuar në drejtim të Klinës apo Turiqefcit, derisa për rastin që biseduam më lart, kishim informata. Bëhet lajmërimi i disa prej punkteve tona dhe ata bëjnë lajmërimin e anëtarëve, por vetëm që të jemi të gatshëm, që porsa të marrim lajmin së çfarë po ndodh në terren, të jemi të gatshëm për ndihmë. Nata e bëri të veten dhe me vonesë u bë e ditur se ishte fshati Vojnik, ku shkuan forcat policore. Edhe pse ne shpejtuam drejt Vojnikut, tërheqja e policisë bëri që të mos konfrontohesim. Atë mbrëmje, u tubuam dhe konsta-tuam se nga forcat tona nuk kishte humbje. Vendosëm që të jemi në vëzhgim të terrenit, në të gjitha rrugët që të shpien drejt vendit të ngjarjes. Dërguam vëzhguesit, pra edhe të tjerët, vendosëm, pasi që e morëm edhe pëlqimin e shokut në ngjarje të drejtpërdrejtë që:

*"…Nëse policia do të ndërmarrë ndonjë operacion ndëshkues, të bëjmë rezistencë…"*. U vendos që para mëngjezit të zihen pikat më strategjike në rrugët që shpien drejt rajonit të rrezikuar, duke e pasur parasysh se forcat mund të ndërhyjnë nga Mitrovica, Peja, por edhe nga Prishtina. U caktuan grupet që do t'i zënë pritat, por edhe vëzh-guesit për lajmërim. Çdo gjë në Drenicë dhe rreth saj ishte nën kontroll. Dëshira jonë ishte dhe luteshim që pikërisht në vendin ku edhe ndodhi konfrontimi, të jetë ashtu. Pra, aty e parashikonim se do të korrim fitore. Kemi pasur mundësi edhe më herët, pra në vend tjetër t'i "shkurtojmë", por, bash aty ku edhe dëshironim, na erdhën, ku ishim disa grupe, në disa prita. Kolona ishte e gjatë. Kishim lajmin nga vëzhguesit se janë të shoqëruar edhe me helikopter.

I pritëm derisa hynë në mesin e të gjitha grupeve, ku ishim nga 3-4 e deri në 5 veta në grup, e ku numri i përgjithshëm nga ne ishte prej 23 vetave (kuptohet, prej fshatit Lludeviç deri te vendi i quajtur Kryqet e Popit. Të tjerët ishin në vendet e tjera, për të mos i përshkruar tash të gjitha. Kolona hyri aty ku ne dëshironim. Së pari sulmuam me mina-hedhës (mortajë dore), e pastaj disa me bomba, e disa me armë zjarri të ndryshme si automatikë, snajperë e mitraloza. Konfrontimi filloi rreth orës 10:00, e zgjati deri rreth orës 14:00. Operacioni ishte shumë i vështirë, zhvilluam luftë të ashpër e pa ndërprerë, harxhuam shumë municion, sidomos në helikopter. Disponimi në forcat tona ishte në nivel. Përveç harxhimeve në municion, nga forcat tona nuk pati humbje e as të plagosur. Çka është më e rëndësishmja, edhe fsha-tarët e këtyre anëve u përgjigjën dhe u mbushën malet me luftëtarë të gatshëm, ku gjatë tërheqjes, policia u sulmua nga të gjitha anët, pastaj policia, nga paniku shtiu kah mundi, në objekte civile, shkolla e xhami. Pasi i shtymë të tërhiqen forcat speciale serbe, shkuam në vendin e ngjarjes, aty ku kishin qenë forcat armike. Ata kishin lënë në vend shumë dëshmi që tregojnë se kanë pasur humbje dhe se kanë qenë të hendikepuar nga paniku. Gjetëm municion të ndryshëm të kalibrit të madh, e deri te revolverët, veshje antiplumb të përgjakura, helmeta, karikatorë të ndryshëm, maska kundër gazrave, patrona lotsjellës e shumë e shumë të tjera. E gjithë rruga, që nga fshati Llude-viç e deri te Kryqet e Popit, ishte e mbuluar me gëzhoja plumbash. Dëmet e pësuara të armikut, çka ne i kemi parë janë: një autoblindë e kallur dhe një e prishur (të dëmtuar mitralozin), njërin nga pizgauerët të djegur, e disa blinda të dëmtuara pjesërisht. Helikopteri, dyshojmë se ka qenë i goditur, sepse shumë shpejt u lar-gua dhe më as që u duk, duke i lënë forcat e veta të vetmuara, gjysmë ore para se të tërhiqe-shin. Kemi kërkesa të mëdha për anëtarësim, por na mungon arma-timi. Shumë pak kemi punuar në këtë drejtim. Prandaj, shokët që veprojnë në këtë trevë të Drenicës, kërkojnë që të përfaqësohemi me një nga shokët tanë të mëhershëm që tani e disa kohë gjendet jashtë, me emrin e tij konspirativ "Veshi".

*Në fund të këtij rrëfimi, ju përshëndesim përzemërsisht nga Drenica.*
*Lavdi të rënëve për liri!*

---

Shënime nga Arkivi i Lëvizjes Popullore të Kosovës

# NË VEND TË EPILOGUT
## PASARDHËSIT E FAMILJES JASHARI

Kjo foto e simbolizon përtëritjen e Familjes Jashari, pas luftës. Lulëzimi i Ademit, Bekimi i Hamzës dhe Murati i Rifatit nga këto martesa kanë lindur fëmijë, të gjithë me emra të ripërtërirë.

*Pasardhësit e Familjes Jashari, dikur e sot*

Edhe pse synimi serbëve ishte t'i shuante si familje, një gjë e tillë nuk u arrit. Familja Jashari do të mbetet gjithmonë emblemë e lirisë së Kosovës. Pavarësisht se kanë kaluar shumë vite nga lufta për liri të vendit, shqiptarët asnjëherë s'do harrojnë sakrificën e dhënë të fami-ljes Jashari për liri, pavarësi e bashkim kombëtar.

## NË KOMPLEKSIN MEMORIAL "ADEM JASHARI" 11 MILIONË VIZITORË

Sipas të dhënave të sakta të ciceronit të kompleksit memorial, del se, për 19 vjet, Kompleksin e kanë vizituar mbi 12 milionë qytetarë shqiptarë nga të gjitha trojet etnike, duke përfshirë edhe diasporën dhe Kanadanë e largët, si dhe vizitorë të huaj nga rajoni dhe bota.

# FENOMENI I PËRJETËSISË AI ËSHTË I GJALLË

Fenomeni Adem Jashar është ngritur në monument përjetësie fizike e shpirtërore, jo si mit mesjetar, jo si legjendë e rrëfimeve tradicionale mitologjike, por si një personazh i veçantë dhe realist i historisë me përmasa po ashtu tipike realiste, sepse vepra dhe heroizmi i tij shënuan piedestalin, prekën majat ku nuk arrijnë dot as legjendat, shënuan infinitet, përtej të cilave pushon fjala.

## ÇMIMI I LIRISË

Lufta e fundit në Kosovë solli vrasjen e mbi 13.000 civilëve, djegien e rreth 1000 vendbanimeve, shkatërrimin e tërësishëm të mbi

104.000 shtëpive dhe të mbi 214.000 të tjerave të shkatërruara e të plaçkitura, mbi 2000 dëshmorë të UÇK-së, dëbimi me dhunë i rreth

1.000.000 qytetarëve nga shtëpitë e tyre si dhe humbje të tjera të ekonomive familjare e kombëtare...

*Adem Jashari*

*Shaban, Hamëz e Adem Jashari*

*Adem Jashari*

*Hamëz Jashari*

*Adem Jashari*

*Adem e Sahit Jashari*

*Adem Jashari, Jakup Nura, Kadri Veseli (Tiranë)*

*Adem e Hamëz Jashari*

*Hamëz, Rifat e Adem Jashari*

*Shaban e Adem Jashari*

*Kompleksi Memorial «Adem Jashari» Prekaz-Drenicë*

Dibran Fylli
PREKAZI BREZNI TRIMASH

AI ËSHTË I GJALLË

Përkthyer në gjuhët:
shqip, anglisht, gjermanisht, frëngjisht, italisht, turqisht, kroatisht,
sllovenisht, spanjisht, polonisht, hebreisht, urdu kinezisht, arabisht, koreanisht,
punjabisht, asamezisht

# PREKAZ A LEGACY OF THE BRAVE - HE IS ALIVE

On 5th of April 1993, in the house Adem Jashari an important meeting was held. In addition to members of the armed formation of Adem Jashari the meeting was attended by several political activists. At this meeting it was decided to expand the military formation of Adem Jashari proposes that the actions carried out in Kosova, should take place in the name of the KOSOVA ARMY. At this meeting Adem Jashari was appointed Commander of the Army of Kosova. Attacks on Serbian police forces had already a coordination. Out of that coordination, expansion, and restructuring of armed groups, in 1993, the Kosova Liberation Army was created.

# DRENICA TERRITORY OF THE ALBANIAN RESISTANCE

This area of brave men was known in antiquity as Klapotnik. Whenever this name is mentioned the glorious national history and the name of Drenica come to mind. This territory has always been, is and will remain a nightmare for the enemy. It is a nest of valiant people that became synony-mous with resistance and all-Albanian endurance for freedom and national independence.

In the national history, Drenica remains a territory of the Albanian resistance that resisted invaders in arms. Since the Battle of Kosova (1389) until now, from this area people came fighting with guns and pen for liberation and national independence. In the Battle of Kosova, Melesh Nicholas Kopiliçi (from Kopiliç of Skënderaj) fatally wounded Sultan Murad I. Drenica sew fear among the enemies. The Sultan himself could not stay calm in Istanbul. The entire Balkans and Europe were appeased while there was no full Turkish rule in Drenica. Even when they tried to set the rule in 1891, they failed. The Hamidije Saray between Llausha, Polac, and Prekaz completely collapsed and the Kaymekam with all his officers were expelled from Drenica within a night.

Drenica comprises of a hilly territory between the Kosova Plain, in the east from Golesh and Qyqavica, Mountains of Carraleva in the south, Mount Mokna in the north, and Dukagjini in the west. Drenica presents a compact geographical territory gravitated by over 100 villages. Administratively it is fragmented and its villages belong to several municipal centers: Skenderaj, Gllogovc, Klina, Lypjan, Vushtrri, and Malisheva. Serbian rule feared so much the area that it called it "a nest of wasps".

Even in different elaborations baked in the offices of Serb leaders and academics for the deportation and extermination of Albanians, Drenica was designated as the most dangerous place from which the local population (Albanians) had to be expelled. King Alexander himself had proposed that this area be destroyed completely. The Serbian regime felt that the burning of the last village and the killing of the last child in Drenica it would remove the Albanian issue from its agenda.

# AZEM GALICA'S PLEDGE

In the spring of 1915, Azem decided to form his own combat group. Along with two of his brothers and a few men from surrounding villages gathered in Galica, in the shadow of a century-old tree (Oak Tombstones), set the dining table and sat around it. Mother Sherife fetched a national flag, which she had stored at the bottom of an ark, and after laying it out well, she set it on the table. The warriors with their left hand on the heart and the right one on the flag unanimously swore: *"We swear by this holy flag than as long as we are alive we will fight for the freedom of these lands. We swear and we pledge that we will give our lives for Kosova as being born again".*

This group, which would later become the "Mother group of outlaw groups in Kosova" immediately began its military actions. Thus began the dreadful days for the gendarmes of posts in Drenica and spies. During thirteen years, as the group existed, it waged over seventy successful battles in victory

# COMMANDER SHABAN PALLUZHA

The Supreme Commander of FBLÇBK, Shaban Palluzhe, at the start of The Drenica War in 1945 had stated the following:

*"The dominance of communism in Albania, the coalition with the Slavs, and alignment with the East side, in fact, is one of the fatalities marking the greatest damage in the recent national history."*

On the characteristics of Drenica War, in 1945, the American media clearly stated:

*"Valiant Drenica, under the leadership of its warriors, Shaban Palluzha and Mehmet Gradica, declared war against the Yugoslav army and the communist ideology, like the Janina Pasalik under the leadership of Ali Pasha declaring war on the Turkish Empire."*

# DRENICA A STANDARD-BEARER OF FREEDOM

As of the League of Prizren to the late twentieth century, almost without a disruption Albanian uprising for freedom continued. Albanians, sometimes less, and sometimes more mobilizing Albanians were at rallied in armed resistance against foreign invaders. Armed uprisings usually commenced in the highlands of Drenica, spreading out to Llap, Gollak, Gjilan, Gjakova, Peja, Rugova, Prizren, and in many other regions of the country. At the forefront of insurgent organization were the leading men of the time, such as Hasan Prishtina, Bajram Curri, Isa Boletini, Ahmet Delia, and others. Drenica, a liberators' nest, especially with Ahmet Delia's tower house, a popular patriot and champion, was always open to the liberators of their country. Ahmet and his son, Mursel, with many friends and comrades at arms, received and hosted leaders of the National Movement, who in his tower house, gathered and talked about a general national uprising against the invaders. In 1912, in Ahmet Delia's tower house in Prekaz, as in many times before, all the leaders of Drenica met with Hasan Prishtina. The latter informed them that the Turkish Parliament had refuse to voice the concern of Albanian MPs in meeting their demands, and about the stance of Ismail Qemali in favor of a

general uprising, which would be extended to all Albanian territories. All the Drenica leaders, invited in the meeting, supported the position and decision of Hasan Prishtina and Ismail Qemali. At this meeting in the valiant Prekaz the brave men of Drenica paid allegiance pledging their word of honor (besa) that men would give anything for the freedom of their country. Leaders of Drenica mobilized in Ahmet Delia's house in Prekaz sent forth their representatives in the Assembly of Junik, where all the leaders of Kosova, Dibra, Shkodra, and heads of southern regions of Albania assembled. The Assembly passed a program containing their national demands, and the Albanian rebellion took the true meaning of a general uprising Under the constant pressure of Albanian rebels the Turkish forces were forced to withdraw from the Albanian lands, and this withdrawal was crowned with the Declaration of Independence of Albania on 28 November 1912. On the other hand, in a most unfair way, and contrary to all international principles of the right of peoples to live free in their sovereign states, the European Great Powers, unilaterally, violating the sovereignty and territorial integrity of the Albanian state, recognized the "right" of the neighboring countries, Serbia and Montenegro, to dismemberment and annexation of Albanian lands! Europe partitioned Albanian lands. The Albanian people were forced to continue their armed resistance and stand in defense of their lands. On the other hand, the Slavic barbarian invaders, incited by their low expansionist passions, committed atrocities, terrorizing the Albanian population, in order to quench their resistance and displace them, aimed at subsequent ethnic clean-sing, in order to change the demographic structure of Kosova. Behind all this was the hidden purpose of the Serbian authorities, to bring in Serb and Montenegrin settlers in Kosova instead, whic which continued in various forms until the end of the twemtieth centry!!

# ANCIENT TOWER-HOUSES

The tower houses of Drenica, like the Albanian ones everywhere, have played an important and positive role in raising civil, national and educational awareness, keeping alive the freedom-loving spirit and faith of the Albanian tradition. On the foundations of the legendary towers originated sparks of our national freedom. For centuries they preserved the tradition and inspired the Albanian people to be free and sovereign in their territories.

*Tower-houses of Emin Lati*

*Foundations of Nebih Meha's tower-house (May 1981)*

*Legendary tower-houses of Shaban Jashari (March 1998)*

# THREE STAGES OF IMMORTALIZATION OF TOWER-HOUSES

1. Fortified tower-houses, with numerous examples throughout our history.
2. Legendary tower-houses have been immortalized through heroic sacrifices for freedom. 3. Tower-house museums, where our vivid history through centuries is preserved. Comparable to other towers, Tahir Meha's tower-house stands proud, like the gunpowder tower of Oso Kuka, and towers belonging to leaders like that of Ali Pasha of Tepelena, Haxhi Zeka, Ahmet Delia, Shaqir Smaka, Azem Bejtë Galica, Shaban Palluzha, Mehmet Gradica, Shaban Jashari, and dozens of other tower houses in Drenica.

*The tower house of the first Albanian alphabet book in Drenica*

*Ahmet Delia's tower-house*

*Tahir Meha's tower-house*

# TOWER-HOUSES OF EMIN, NEBIH AND TAHIR MEHA

This tower, along with other towers of resistance, including the tower-house of the Legendary Commander Adem Jashari, made national history by producing from among their midst fighters worthy of the freedom of the nation and homeland. The foundations of this tower date back from Tahir Meha's ancestors, predecessors of Meha the First. This tower suffered its first misfortune and burning down by the soldiers of Aqif Turgut Pasha, subsequently by the Serbian gendarmerie. After the burning of the tower-house of Meha the First and its reconstruction, the Meha tower was burned down again by Serbia. Emin Lati with friends decided to rebuild the legend tower once again. In 1913, work began on building the Meha tower and it became once again a tower of resistance, so that in the spring of 1916, the inauguration of the tower became a celebration for the fellow fighters of Emin Lati, such as: Shaqir Smaka, Azem Bejta, Mehmet Delia, Fazli Berani, Rifat Banjska, Shaban Mangjolli, Mursel Delia, Xhemë Terrnavci, Halit Bajrami, Bajram Zena, Lim Qerimi, and dozens of other fellow fighters. Dozens of

*Three generations of fort tower (Emin, Nebih and Tahir Meha)*

senior natio-nal figures spent time in this tower passing important decisions for the nation, such as Hasan Prishtina, Azem Bejta, Mehmet Delia, Shaban Palluzha, Mehmet Gradica, and Shaban Jashari with two sons. Here dawned brave men deciding upon the fate of the father-land! Emin Lati's tower-house, now belonging to Nebih Meha, fellow fighter of Shaban Palluzha, was burned again in 1945, by the Yugoslav chetnikcommunists, but it was rebuilt anew by Mehaj, perhaps not in its architecture appearance it had before, prevented by Yugoslav communist authorities. On May 13, 1981, this tower-hou-se, now belonging to Tahir Meha, is once again burned by the Serb-Slav regime, thus becoming the Legend Tower-house of Tahir Meha.

*Azem and Shotë Galica*

*Shaqir Smaka*

*Shaban Paluzha*

*Emin Lati*

# PREKAZ - A VENUE OF RESISTANCE
## AHMET DELIA AND BATTLE OF AXES

When Pašić gendarmerie had begun reprisals in several villages in Drenica, Ahmet Delia, aware of the purpose of Serbia, brought toge-ther leaders of Drenica in his tower, and together with the warriors, held a covenant pledging their besa again! In early January 1913, violent criminal actions by Serbian gendarmerie were clutching and tightening the circles of crimes against the people of Drenica. The men had renewed their pledge to resist by all means possible, without sparing their lives in defense of their land and Albanian people, coming out in defense of their brothers, neighbors, villages... A group of 13 Serb gendarmes, a few days after the men pledged their besa in Ahmet Delia's stone house, were heading Prekaz, terrorizing and robbing two or three houses in Prekaz. The news reached Ahmet Delia, who issued a mobilization voice, but did not even wait for the warriors to arrive! Firm and quickly he grabbed an ax and called on his son Mursel to go to their neighbor's protection! Ahmet and his son Mursel grab their axes quickly and

*Ahmet Delia's tower-house*

without hesitation go to help their neighbor.

At the yard gates they meet a Serbian guard and there starts a battle between the guns of the Chetniks and axes of Ahmet Delia, with the latter emerging victorious and leaving the Serbian guard dead. Inside the courtyard, Mursel takes down a rifle from a Serb and starts to hit, thus killing some gendarmes. Ahmet Delia raids the tower. At the entrance stairway he faces another policeman and hits him with his ax. Fighting was fierce. Meanwhile Ahmet was seriously injured, while other warriors of Prekaz, Ram Islami, Xheladin, Jetullah, Hajredin and other brave men of gun had surrounded the place. In this heroic resistance of men who had sworn their besa to defend their homeland, Ahmet Delia fell on the altar of freedom, and from the gendarmes expedition 12 were killed, with only one esca-ping, a certain Jovan. Organization of fighting for the liberation of the homeland in Drenica never abated. Liberation efforts continued under the leadership of the distinguished brave man, Shaqir Smaka, and after his fall the movement was led by Azem and Shotë Galica. Throughout the national liberation resistance, Mursel, son of Ahmet Delia, was among the most prominent fighters in Azem Bejta Galica's group being his most trusted man. Mursel never lifted his gun aside even for a moment. He died in 1930 in mysterious circumstances in a hospital in Skopje. The only Mursel's mail heir was his son, Zenel, who is no longer living. The entire activity of Ahmet Delia was in the service of a resistance to liberate the homeland.

*Ahmet Delia, popular fighter in the Drenica region*

*Mursel Delia fellow fighter of Azem Galica*

# TAHIR MEHA

## THE BRAVE WHO KILLED 13th OF MAY OF THE SERB OCCUPIER!

The man of the land - unyieldingly brave, ancestor of Adem Jashari's sacrifice for the homeland, Tahir Nebih Meha was born on October 10, 1943, in Prekaz Drenica, a true Pantheon of Albanianism. Followed by his father Nebih, 71, he turned his ancestral tower into an open grave of Yugoslav occupier of Albanian lands, on May 13, 1981. Tahir's grand-father, Emin Lati, was a member of the National Movement of Kosova, as fellow fighter with Azem Bejta. He was a man of deed and assembly, the keeneyed member of the group. After the assassination of Azem Bejta, on June 14, 1924, Emin kept Azem's rifle with pride and admiration, in 1941, handed over this honor to his son, Nebih, so that he would revere Albanians in the Albanian National Defense in Sandzak, and historical part of Albania. Azem Bejta's gun in Nebih's hand excelled in Drenica War, under the leadership of Shaban Palluzha and Tahir Meha's

*Tahir Meha*

*Nebih Meha*

# MAY 13, 1981

The entire Kosova was standing up demanding freedom and rights that were being violated for decades and centuries by the Serbian conqueror. The fall of many young people who sought freedom, raised thousands of others standing, students, workers, adults and the elderly, farmers, teachers, students and pensioners. Tahir Meha's gun and their voices shook the foundations of the occupying former Yugoslavia! In Drenica heroism was repeated. Once again Drenica was resisting all that military and police machine of Serb-Slavic invaders. Tahir Meha was forti-fied in his tower, as Oso Kuka had once done in his gunpowder tower, waiting for the moment to show the Yugoslav invaders that the Albanian lands had protection! The valor of May 13 became a symbol of freedom coming out of Tahir Meha's narrow gun barrel. It was 13th of May 1981, the Day of the Founding of Yugoslav militia. The Serb secret service UDB wanted to mark the celebration by a victory by capturing the much wanted Tahir. The occupier planned the glory of this action that would strengthen the image of the special units of UDB militia. Belgrade's plans were spoiled by Tahir Meha's and his old father's guns, who, with their heroic resistance, forced the Serbian occupier in the Drenica battlefield to display a whole arsenal of weapons, military machinery and hundreds and thousands of soldiers and militia who were facing two single men in Drenica. The action was also supported by the militia reserves backed by tanks and helicopters being brought in over the skies of Drenica. An entire state was raised in the fight against Tahir and his father. Tahir Meha and his old father resisted the military arsenal for 20 hours. Tahir and old Nebih stood steadfast by their positions. Tahir fought singing simultaneously: *"O, my Albania, don't say you're done!"* a voice that killed the enemy as like the bullet of the brave falling on them. This was one of the worst blows that the former state of Yugoslavia was getting. Tahiri Meha and his old father set in motion whole state machinery and military strategy of Serbian invaders. They cast on the ground the disguised morality of the Yugoslav Communist system, namely, that on the equality of peoples!? Tahir's resistance brought an unprecedented power and courage to the Albanian people to prepare for the fight of liberation against Serbian invaders. Tahir Meha's rifle had killed the Day of May 13 of the invader and set a May 13 for the Albanians with valor and call to fight against all those who violate the Albanian land. Tahir did not fight for fame or recognition, nor for a song and history, but his name, fame, song, and history were born on the foundations of his tower house. His grandfather, Emin Lati, was a follow fighter of Azem Bejt Galica, while his father, Nebih fought alongside Shaban Palluzha and later Tahir's brother, Beqir, was listed in time with the KLA ranks and fell martyr of freedom of the homeland...

# THE JASHARIS - A TEMPLE OF FREEDOM

Six generations before, out of three brothers Jashari, Meha, and Kadriu three neighborhoods were formed in Prekaz of Drenica, a most famous village in the late history of the nation. One of the neighborhood families, called upon the name of the oldest of the three brothers by which the Jasharis will be known, will be sealed by history after 5h of March 1998 in wherever Albanians live in the world, known as the family which with their sublime sacrifice opened the way to Kosova's freedom.

*Jasharis Legend Tower*

There will be four, five, and There will be four, five, and six generations of this family, who will be identified with the freedom dreamt for centuries, and the wise old man, the liberating teacher of mountains, Shaban Jashari, with his sons Hamza a nd Adem, with his grandchildren, with their own blood shall give Prekaz the honor to be called the birthplace of Kosova's freedom. In all this honor and patriotism which Jasharis left as a legacy to the history of the country, Adem Jashari will be the key figure with which to start writing the new national history.

# THE JASHARI FAMILY TREE

*The Jasharis temple of freedom*

The first of the Jasharis had three sons, and the family of the legendary Commander Adem Jashari came from Jashari's third son, Murat, from whom then came other generations of the Jashari family, such as Fazliu, Murati, Shabani, and then Rifat, Hamza, and Adem. From this family tree, Shaban Jashari sons are the fifth generation, and the boys Rifat, Hamza Adam are the sixth generation.

Murat, whose name has been renewed three times within six generations of Jashari family, had gone to serve the army as "asker" in Little Pleme, instead of his brother, and had never returned. Murat at that time had left an only son, Fazli, who was raised and educated and lived in honor. Fazliu, also like his father, had only one heir, whom he had baptized with his father's name, Murat. (Murat was the grandfather of the legendary Commander Adem Jashari).

Murat as his successors followed the same fate. He had only a boy, Shaban, who married Zahide, of whom were born Rifat, Hamza, Adem, and five daughters, Hava, Zyla, Zoja, Qamile, and Halime.

# SHABAN JASHARI (1924-1998)

Since childhood Shaban Jashari was highly intelligent, gifted by nature, possessed with natural ability and ingenuity. At that time in Kosova there were no high schools or faculties for an education of the young, but Shaban had completed the Medrese, and after military service, he had successfully completed the teacher's course. After that, Shaban Jashari, the first intellectual at the time, began working as a teacher in Drenica. Despite the difficulties of the time and the desire of the Serb regime to leave Albanian education in the dark, Shaban Jashari worked from 1949 to 1952 teaching in the villages of Tërdefc, Abri, Prekaz, Kline, Prellofc, and Skenderaj... Serbian authorities, who by all means wanted to stop Albanian schools arrested teacher Shaban. They barred him of this sacred and patriotic mission as he was teaching about Scanderbeg, the Flag, about Albania... They prohibited him from the teaching in the school, but they could not prevent the education of his own children and grandchildren. Imprisonment and forcible removal from the class-room,

*Elder of Albania-Shaban Jashari with his sons Adem and Hamza*

gave him the epithet of the "Liberating Teacher of Drenica Mountains".

Shaban Jashari was involved in leading the burial ceremony of Nebi Tahir Meha in 1981, with Hamza and Adem. On that same year, teacher Shaban had taken the oath for the liberation and reunification of the Albanian territories, forming a common cell with Zymer Rreci. On December 30, 1991, old Shaban's tower house was attacked and the entire Prekaz was under surveillance by the Serbian military and police forces, while this time too Shaban Jashari remained unshaken from his tower house. On the 22nd January 1998, in the early hours of the morning, from the Hunting Ammunition Plant, about 500 meters away from the neighborhood houses of Jashari, Serbian police forces were deployed, moving towards the Tower of Shaban Jashari, to attacking it with different types of weapons. Since that night, Adem Jashari was not at home, the Serbian police attack had been met by Shaban's and Hamza's resistance, with grandchildren. The house was attacked with all kinds of weapons. The rejoinder by Shaban and Hamza, as well as by Shaban's grandchildren was so tremendous that Serbian forces were forced to retreat. However, two of Shaban's granddaughters, Iliriana and Selvete were wounded. Just hours after Serbian forces withdrew, many people were heading to Prekaz, received in his home by the old man Shaban Jashari.

Serbian police had marked down Jashari's homes for a long time. On March 5, 1998, in the early hours, large military and police forces were heading towards Prekaz. A Chetnik formation stationed earlier in the ammunition factory location was reinforced with heavy artillery vehicles. The attack on the Jasharis began at about six o'clock in the morning. At home were almost all members of the family. The valiant resistance by the Jashari family lasted for three days, on the 5", 6 and 7h of March 1998. In the field of honor fell heroically in defense of the homeland and the nation 20 members, 10 of them children, and old Shaban Jashari, in this glorious battle, confirming the long-standing epithet of the "Liberating Teacher of Kosova's Freedom".

# OSMAN GECI (1943-1998)

Osman Geci, born in Llaushë of Skenderaj, was the son of Shaban Geci, uncle to the Legendary Commander Adem Jashari. Osman was faithful to the struggle for freedom and national unity, as well as to his nephews from the day when Rifat, Hamza, and Adam turned their rifles against Serbian invaders. Uncle Osman had a manly commitment set in his positions of masculinity. He was an excellent connoisseur of the history of the A lbanian people and outlaw movement. Since 1981, Uncle Osman, wherever located in the odas, manifestations, and gatherings was a true lecturer and advisory on how to make the fight against Serbian invaders. Actually, it was a pleasure to listen to him talk against serbian invaders. Actually, it was a pleasure to listen to him talk about the history of Kosova, Albania, fighters who had fought and were fighting against serbian occupation and their collaborators. As the Serb invaders had fallen on their trail, Uncle Osman was obliged to put his gun over his arm and ascend the Drenica Mountains with his nephews. This man of Drenica spent most of the time in Prekaz with his nephews, becoming an integral part

*Osman Geci*

*Hamëz & Adem Jashari*

of the first armed group of Adem Jashari.

The night before the KLA Glorious Epopee, on the 5h of March 1998, Uncle Osman along with his nephew Adem, went from the village of Tice to the Resistance Tower in Prekaz. There, along with his brother in law, Shaban, his nephews Hamez and Adem Jashari and other members of the Jashari family, they fought for three days against the Serbian military and police machinery falling heroically to never die.

# HAMËZ JASHARI (1950-1998)

Hamez Jashari was the second son of the Liberating Teacher Shaban Jashari. This lynxeyed boy, raised in the nation's spirit and college educated, had a special love for art. He preferred poetry; he was a nice drawer, acted in theater, danced and sang on his beautiful Albanian sharkia. All these gifts granted to him by nature, he later turned into a beautiful martial art to eternity. In 1973, Hamez ends compulsory military service at that time. He went to visit his brother, in Germany. He remained there for five months and returned home again, leaving behind his statement "Exile, a foreign country is not for me." The year 1981, the year of the great historical turning point for the Kosova Albanians, Hamza finds prepared and embedded for his nation and homeland. The young man who had beaten vanity and dismay from his sight, mind and body, who along with his brother, Rifat, traveled to Turkey, bringing back to Kosova printed pamphlets with the words "Kosova Republic", a major act of the time, and to do so courageous man like Hamez Jashari were needed. From that time until the first attack of the Serbian Chetnik forces against his family in 1991, Hamza never stopped his underground patriotic

*Hamëz Jashari as theater actor*

*Hamëz Jashari*

activities, but on January 30, 1991, he took up his gun openly manifesting his commitment to defend the homeland, joining his brother, Adem, with whom he never separated sacrificing themselves for the nation and homeland. On January 22, 1998, when Adem was not at home, large Serbian Special Forces ine the early hours of the morning had surrounded their tower-house.

This time, Hamez Jashari's heroism and gun made the mouser of old Shaban more powerful, repelling special forces repelled, with head down abysmal back towards the fascist Belgrade. Since that time, Hamza was an organizer with a vision and participant of many actions against the serbian police, in the glorious KLA epos on the 5, 6 and 7 of March 1998, Hamez Jashari's gun and soung turned into horror for the Serb Chetniks and for three days the liberating shots of Jashari did not stop, along the mighty singing of the braves of the Tower of Resistance. In this battle, which took place for three days with the Serbian military and police forces, along with legendary commander Adem Jashari, an unparalleled brave, and visionary Hamze Jashari and their family, fell heroically and in honor in defense of the nation and the homeland 20 Jashari family members together with 36 others who resisted in the battle, among them Can and Lat from Lubovec, who stood loyal to Shaban Jashari's Tower of Resistance.

# ADEM JASHARI (1955-1998)

On November 28, 1955, Shaban Jashari, along with the Flag Day, which he celebrated each year, rejoiced to yet another event, the date of the birth of his son whom he named Adem. It was only natural that the cradle of the newborn be covered by Scanderbeg's flag. So it was that day in the Jashari family, in Ahmet Delia's Prekaz. Shaban Jashari's family was added another gun, and in Drenica echoed gun shots for both the flag and the newborn soldier of Kosova's freedom.

*Legendary Commander Adem Jashari*

That day, Flag - Birth - Shots and Echoes were the glory of Prekaz, Drenica, Kosova, and of all Albanians. Adem Jashari came into this world with the only difference from all of his peers, being was born on the day of the most glorious victories of the Albanian people, on the Day of November 28. Shaban was attentive to all the children, but to Adem he showed special care, perhaps as he remembered his birth date, remembering the gun shots and their repeated echoes of November 28, 1955. Thus grew Adem along with his brothers Rifat and Hamza. He showed a special interest in weapons, mighty deeds in history, especially of interest to him were the brave act of Ahmet Delia. Ahmet Delia's ax, what split off the Chetnik gang head in two, had become a legend, a legend of history in defense of honor and national dignity. Ahmet Delia's act of sacrifice was also an additional lesson to witness the heroic work of fellow countrymen that had begun long ago opposing armed Serbian Chetnik bands. So, this message is best understood by Adem Jashari, who at the age of youth engaged in illegal patriotic activity, taking an active part in demonstrations of spring 1981. Shortly thereafter, another event that made Adem Jashari and his family realize that the Serbian government should not be allowed to extend its rule was the resistance of Tahir and Nebi Meha against Yugoslav military and police forces. This act of sacrifice for the homeland of Tahir and Nebi Meha left deep impressions in the spirit and determination of Shaban, Adem and Hamez Jashari, who at the funeral of these martyrs gave their pledge before the body of Tahir Meha that "the war that you kindled will continue until the last drop of blood." Determination to sacrifice for the homeland was a sublime act for Adem Jashari and his family. This is testimony to his orientation looking for paths to freedom and ways to make the effort and sacrifice to liberate the country from the violence and terror of the Serbian government. Demonstrations of 1981, the great spring events of the campus, which turned into a great popular movement, which for years kept burning the flame of the torch of freedom and liberation of the nation, had a magic impact on the generation that formed, organized, and led both politically and militarily the Kosova Liberation Army. Adem Jashari and his group was the foundation core of KLA. On 3rd of November 1991, Adem Jashari and his group went to Albania to conduct appropriate military exercises and to train for armed combat. The group was comprised of Adem Jashari, leader of the group, Ilaz Kodra, Sahit Jashari, Fadil Kodra, and Murat Jashari. In military preparedness, Adam showed high skills and qualities in learning the art of using different weapons for the war of liberation. Adem Jashari regarded the changes taking place in the 90s with optimism, therefore he sincerely and firmly began his commitment in the military sphere, for the organization of the liberation war. Upon completion of training, the group returned in Drenica on 7'h of December 1991, equipped with weapons. The group was given the task to expand its ranks in armed formations. When in late 1991, arrests of all of those who had been trained in Albania were taking place in Kosova, Adem Jashari will inform his group demanding they stay alert as the enemy could be knocking on their door any night now. He would tell his fellow fighters: *"Guns we did not get to hand over to the enemy, but rather to fight to the last cartridge."* Everyone consented with the Commander's speel. And, it was not long before the enemy knocked at the door of the Jasharis.

It was early morning of 30" of December 1991, when the enemy with entire police machinery had surrounded Jasharis demanding the surrender of Adem Jashari. Adem Jashari with his brothers and friends responded to the enemy with a hail of bullets from many directions. Despite the fact that the police had committed numerous infantry, even heavy technique, armored vehicles and helicopters, after the resistance of the group they failed to defeat the fighters.

After that clash with Serbian police forces, the entire group of Adem Jashari goes underground. It was clear that the Prekaz Group, led by Adem Jashari, had decided upon an era of liberation war, the one between prison life of

*The legendary commander KLA, Adem Jashari*

humiliation, had chosen the life of glory and freedom. Only the most daring in different times have changed the course of history, and so it was with Adem Jashari. This is how the military actions against the enemy police began, initially in Drenica, to spread later in Llap, Dukagjin, Shale, and throughout Kosova.

KLA was becoming the hope for the people and the dread for the enemy. Adem Jashari was everywhere. He was a legend. He was wherever the enemy attacked; he was at every corner of Kosova. Adem Jashari targeted Serb police patrols and police stations in Skenderaj, Mitrovica Blood Bridge, Shipol, Runik, Drenas, and other places, and armed actions were undertaken in his name in Shtime, Prizren, Klina, etc. Unlike some other groups who had been engaged in military training in Albania, the only formation (nucleus) of Adem Jashari was the one that was never disbanded. On 5" of April 1993, at the Adem Jashari's house an important meeting took place. In addition to members of the armed formation of Adem Jashari, the meeting was also attended by several political activists.

At this meeting it was decided to expand Adem Jashari's military formation. It is at this meeting that Adem Jashari proposed that the actions that were carried out in Kosova be carried out in the name of "Kosova Army". At this meeting, Adem Jashari was appointed Commander of the Army of Kosova. Attacks on Serbian police forces had already a co-ordination. From co-ordination, expansion, and restructuring of armed groups, in 1993, the Kosova Liberation Army was created. In 1997, the District Court of Prishtina, in absentia, issued a 20-year prison sentence to Adem Jashari and his military formation. On this occasion, it can be said that Adem Jashari has been convicted not on a 20, but rather 60-year prison term as Serbia passed three 20-year sentences on him in absentia: in 1991, 1996, and finally in 1997. The Prekaz fighter unit identified with Adem Jashari's name thanks to his high-quality strategic fighting skills and thanks to his military character and features. All those interested in settling the Kosova issue through armed uprising were interested to contact personally with Adem Jashari, who by now had been staying for years in Kosova in multiple bases. His combat nucleus and its armed structure were ready to grow and expand.

Intensification of armed KLA actions begins with the September 1997 attack

*Adem Jashari with fellov fighters*

on 12 Serb police stations. Systematic violence by Serb forces in Kosova made KLA formations move on to the next stage of action, direct confrontation with Serbian forces, i.e. in the battle front. On November 26, 1997, in New Rezallë the liberation armed forces, led by Adem Jashari, waged a fierce battle with multiple Serbian police forces. In the battle the path of heavily armed Serb forces was interrupted while heading towards the Vojnik village, where a day earlier, masked Serb police patrols were hit by gunfire from one of the early fighters of the KLA, Abedin Rexha - Sandokan.

The battle was led by Adem Jashari and other fighters, such as Mujë Krasniqi, Ilaz Kodra etc... On the 22nd of January 1997, Serbian police with its special units organized an attack on the house of Jasharis, in order to eradicate this dangerous nursery of Kosova Liberation Army, but, thanks to the courage of the Jashari family, the enemy withdrew without achieving their goal. Such a divertive and sudden attack would have surprised even a garrison of professional soldiers, but not Adem Jashari's family. KLA units, led by their commander Adem Jashari, had begun a new phase of action in the Drenica region.

*Adem and Hamëz Jashari with fellov fighter*

In Likoshan, on 28" of February and 1' of March 1998, a battle between a KLA unit and three Serb patrols took place. In this battle killed Four Serbian policemen were killed in the fight and two were injured. In retaliation, the Serbian special police massacred innocent civilians in Likoshan and Cirez. After the January 22 defeat, the enemy had begun preparations for a large-scale police and military attack. It began in the early morning of 5th of March 1998, a few days after the police had been defeated enemy at Six Oaks in Likoshan.

# THE BATTLE OF MARCH 5, 6, 7, 1998

In the night between March 4 and 5, 1998, Prekaz and the family of the Legendary Commander Adem Jashari were surrounded by large Serbian military and police forces. The attack began at about six o'clock in the morning. Serbian police and military forces first launched the attack from these positions: Ammunition Factory, Skenderaj Hills, Xani Oaks, and other positions. An immediate, powerful, sturdy and perfect military strategy was the counter response of the Legendary Commander Adem Jashari and his family.

On the first day, on March 5, 1998, the whole family of Adem Jashari began fighting, prepared for resistance until the last drop of the Jashari blood. According to the story of Besarta Jashari, a living eyewitness to the glorious event *"on the first day fierce fighting took place all day long war and homes were shelled. On that day only Adile, Adem's wife, was killed. She was shot dead on the stairway of one of the houses as she had gone to get ammo on the third floor of the house, where they had rooms filled with weapons.*

*After the battle of 5, 6, 7 March 1998*

All day went by with powerful blasts by Serb forces, while in the evening the shooting calmed down. In the evening, Adem Jashari together with the boys, Blerim, Kushtrim, and Igball, filled the magazines getting ready to fight another day. They watched and followed very carefully the situation." On the second day of the attack, on March 6, 1998, on the Jashari family, fighting, according to Besarta's story, began as follows: "Since morning, Serb forces began shelling again. Shells fell in every part of the house and yard. Fragments of a grenade and its muzzle caught uncle Rifat's son, Igbal, underneath. Shelling intensified even more powerful, while pieces of grenades began to kill other members of the family. Adem and Hamza, along with family boys, were resisting in their positions. Most tragic was a grenade, which struck the basement and split it into two parts, destroying it. That same grenade killed some more members of our family. From this and several other grenade thrown in a row died from injuries Hidajete, Rifat's daughter, and my sister, Fatime, two years younger than me. Besim, Kushtrim, and Adem were still alive, fighting from one position to another."

On the third day of the attack, on March 7, 1998, considered as the day of

*Hamëz and Adem Jashari*

the fall of the heroic and legendary commander Adem Jashari and his family, a glorious day for KLA epos, the last key moments of the battle at Jasharis home are described by Besarta: *"Adem moved from his position against the wall towards the place we were shelte-red. After the killing of most of the family members Besim too was killed. Near the basement door, where we were sheltered, I picked Adem, trying to protect us. Only I and Kushtrim were left alive. I saw Adem as he was hit by a bullet, dropping dead by the stairway. After his fall, his son Kushtrim (then 13 years old), grabbed an automatic gun and took a different position in the yard, because the Serbian police had already penetrated in some of the warehouses we had. In confrontation with them, Kushtrim fell in the space between the two houses with the machine gun in his hand. When there was no one left alive, I started touching each body shouting if anyone was still alive. I called them by name but never got a response. All of this was taking place at the end of the battle, on the third day of the attack before noon."*

Adem Jashari and his familyresponded the enemy attack with back fire. After a long and heroic resistance for three days and nights, the enemy managed to burn and destroy the Jashari Neighborhood but not their resolve to continue the fight for freedom and national unity. Adem Jashari never dropped his gun till he died for freedom keeping alive his song for Albania.

The Kosova Liberation Army lost its leader. Kosova won a legendary commander. By the act of the fall of Jasharis Kosova prevailed over fear and freedom opened up new venues. Adem Jashari-legend, brought fresh quality to the philosophy and mentality of Albanians on life, country, freedom, honor, and dignity of the nation. The dauntless fall of Adem Jashari gave the strongest impetus to mobilization, structuring, and transformation of the Kosova Liberation Army, therefore: HE IS ALIVE...

---

According to the story of Besarta Jashari, eyewitness of the titanic battle of 5,6,7 March 1998

# THE SURROUNDING OF THE JASHARES TOWER IN PREKAZ, ON 5, 6, 7 MARCH 1998

Although Prekaz had been attacked on 22.01.1998, exactly in Shaban Jashari's house, the Serb Chetniks were not satisfied with only a few wounded and killed, but, the same, now with the army police formations, on 05.03. 1998, in the early hours of the morning a new attack on Prekaz had begun. The towers of Shaban Jashari were aimed again. Numerous heavy artillery forces were deployed around the Ammunition Factory in Skënderaj on 3 and 4 March. Also, the Serbian police had made numerous reinforcements in all its checkpoints in Drenica. At 5:30 on March 5, the Serbian artillery from the Ammunition Factory started firing in the direction of the tower of Shaban Jashari and all the Jasharis. The war and the titanic resistance of the leaders in Prekaz had given the message in all the lands of Albania and in the diaspora.

The ante of freedom, Adem Jashari, had made the historic decision, the most difficult and painful decision that man has ever made, throughout the history of civilization.

*-We will not surrender alive!*

*-The murderers will not pass, except on my dead body!*

The time was far away when the call of the troops of the heroes of Drenica: "Wait for Azem Galica, ore!", Burned the date of the hordes of the Serbian king.

The years and decades of Kosovo captivity had faded in the memory of the Serbian ruler, the image of the dragon of Galica, flying on horseback. Only when the Serbian army was confronted by the KLA uniform, as a terrifying ghost, did the Serbian occupiers, like their predecessors once, begin to feel the trembling under the feet of the Arber land. The Serbian army and police had tried several times to bite Drenica: in Prekaz, in Llausha, in Vajnik, in Likashan, in Qirez and again in Prekaz. On March 5, she was returning once again to Prekazi of the legends of bravery, to bite and poison Drenica.

The Jashar Castle was being attacked, where the Albanian honor was kept intact. She had in her big heart the commander-in-chief of the war for freedom, Adem Jashari, the noble old man Shaban Jashari, the indomitable hero Hamëz Jashari, Shota's grandchildren.

The morning of that bitter March day, along with the gunfire and artillery fire, was pouring over Prekaz all the horror of Serbian barbarism. But, at that moment, the big decision was made inside the castle:

- *If someone has to die, better me than my Kosovo,*
- said the Commander in-Chief.
- *If someone has to die, better all of us, than the Homeland,*
- said all the Jasharis in the Castle.

The rifles were firing, and the Albanian heart was singing. The rifles and the song of the brave were writing the symphony of invincible resistance, their echo was touching the roots and the top of the history of our struggle for freedom. History was being made in Prekaz.

The castle of Jashari was becoming the wall of freedom.

## In this extermination operation by Serbian forces fell:

1. Adem Shaban Jashari (1955-1998), Prekaz
2. Adile B. Jashari (1957-1998), Prekaz
3. Afete H. Jashari (1980-1998), Prekaz
4. Afije A. Jashari (1938-1998), Prekaz
5. Ajvaz K. Jashari (1980-1998), Prekaz
6. Ali R. Jashari (1937-1998), Prekaz
7. Avdullah Z. Jashari (1982-1998), Prekaz
8. Bahtije M. Jashari (1953-1998), Prekaz
9. Beqir B. Jashari (1955-1998), Prekaz
10. Besim H. Jashari (1981-1998), Prekaz
11. Blerim H. Jashari (1985-1998), Prekaz
12. Blerim Z. Jashari (1992-1998), Prekaz
13. Blerina H. Jashari (1991-1998), Prekaz
14. Bujar Z. Jashari (1987-1998), Prekaz
15. Elfije S. Jashari (1963-1998), Prekaz
16. Elheme U. Jashari (1938-1998), Prekaz
17. Faik T. Jashari (1964-1998), Prekaz
18. Fatime H. Jashari (1989-1998), Prekaz

19. Fatime S. Jashari (1970-1998), Prekaz
20. Fatime Xh. Bazaj (1978-1998), Tërstenik
21. Feride H. Jashari (1955-1998), Prekaz
22. Fitim A. Jashari (1980-1998), Prekaz
23. Hajrije Z. Jashari (1957-1998), Prekaz
24. Hajzer Z. Jashari (1969-1998), Prekaz
25. Halil B. Jashari (1960-1998), Prekaz
26. Halit I. Jashari (1934-1998), Prekaz
27. Hamdi S. Jashari (1960-1998), Prekaz
28. Hamëz Sh. Jashari (1950-1998), Prekaz
29. Hamide S. Jashari (1910-1998), Prekaz
30. Hamit H. Jashari (1934-1998), Prekaz
31. Hanife Z. Jashari (1981-1998), Prekaz
32. Hidajete R. Jashari (1979-1998), Prekaz
33. Igball R. Jashari (1981-1998), Prekaz
34. Igballe R. Jashari (1989-1998), Prekaz
35. Isak F. Halili (1934-1998), Duboc
36. Kajtaz M. Jashari (1953-1998), Prekaz
37. Kushtrim A. Jashari (1985-1998), Prekaz
38. Lirie H. Jashari (1983-1998), Prekaz
39. Mihrije F. Jashari (1942-1998), Prekaz
40. Murtez Z. Jashari (1979-1998), Prekaz
41. Nazmi Z. Jashari (1967-1998), Prekaz
42. Osman Sh. Geci (1943-1998), Llaushë
43. Qazim O. Jashari (1948-1998), Prekaz
44. Qerim H. Jashari (1942-1998), Prekaz
45. Ramiz S. Jashari (1974-1998), Prekaz
46. Sabrije Z. Jashari (1976-1998), Prekaz
47. Sadik H. Jashari (1932-1998), Prekaz
48. Salë Sh. Jashari (1943-1998), Prekaz
49. Selvete H. Jashari (1977-1998), Prekaz
50. Shaban M. Jashari (1924-1998), Prekaz
51. Shahin Q. Jashari (1973-1998), Prekaz
52. Sherif B. Jashari (1951-1998), Prekaz

53. Sinan R. Jashari (1935-1998), Prekaz
54. Smajl A. Jashari (1951-1998), Prekaz
55. Smajl Xh. Bazaj (1980-1998), Tërstenik
56. Ukshin Q. Jashari (1976-1998), Prekaz
57. Valdete R. Jashari (1983-1998), Prekaz
58. Zahide Sh. Jashari (1924-1998), Prekaz
59. Zarife B. Jashari (1948-1998), Prekaz

*Among the fallen were 15 children aged 7 to 16 years and 17 females. Among the fallen were old men and women up to the age of 74.*

*All the identified and unidentified victims were buried by the police on March 10, without respecting any norms of tradition or burial rules and without conducting a forensic examination.*

*Only one girl, Besarta, survived the attack.*

*Memorial Complex "Adem Jashari"*

Source:
-Kosovo e Lirë, / Commemorating the Martyrs of the Nation / -The Jashari Family - The Battle 5,6,7 March1998
-Xhevat Imeri, Notes from the Memorial Complex "Adem Jashari", Prekaz

# HISTORICAL EVIDENCE

**A letter from Drenica**

*The letter was sent by Adem Jashari, written by his brother Hamez and signed by a group of Drenica fighters. It is written simply, as all that is magnificently beautiful, with no big bragging words, carrying historical evidence in itself.*

(December 1997)

## Dear friends and brothers

Dear friends and brothers Some data about the event in the village of Vojnik, which occurred on the 25th of November 1997 between our forces and secret police Serbian occupation forces. The event begins with the appearance of a civil vehicle of Niva type, carrying four civil servants, making suspicious movements in the village, from neighborhood to neighborhood. We took note and followed it until it reached the neighborhood of Binakaj and very close to the house where our activist stood. According to our man's story the latter attempted to identify the men, but they tried to trick him by having one presenting them as Albanians. However, before even finishing his speech, one of them shot his gun several times towards our activist. He skillfully steered clear from bullets and fast fires back his automatic rifle hitting some of the persons in the vehicle. The suspects left the scene with great speed, leaving behind parts of broken glass and traces of blood. It happened at around 2 pm. After the suspects left, he gets back home joining three other friends, who were willing to help, but they thought the danger had passed. They decided not to leave the village in case of possible police intervention. That happened too. Two hours later, at around 4 pm, two armored vehicles arrive at the village, accompanied by a Niva and heading towards the Binakaj neighborhood. Our men take their positions in a nearby forest and close by hedges. As the punitive expedition special forces reached the place, dismounting the vehicles begin to shoot in different directions in order to spread panic, but, at that time, our forces, composed, as we said above, of four persons, open fire and turning the conflict between them and the Serb punitive expedition. Unequal in number and technique a withdrawal towards the forest follows. Serbian special forces continued firing and began to approach, which we were obliged to use the hand grenades, though they had but a few.

The grenades forced the Serbs to mount their vehicles while they continued fighting only from armored vehicles. This lasted until about 6 pm, but they could not push us to the position we held in the woods. This led to their fleeing in great speed the neighborhood and village. On our side, we had no fatalities or injuries, while on the enemy side there were traces of blood at the scene, especially numerous where the grenades had been thrown. Regarding the subsequent organization and briefing the members, the event takes place as follows: In our organization there are ground observers.

The grenades forced the Serbs to mount their vehicles while they continued fighting only from armored vehicles. This lasted until about 6 pm, but they could not push us to the position we held in the woods. This led to their fleeing in great speed the neighborhood and village. On our side, we had no fatalities or injuries, while on the enemy side there were traces of blood at the scene, especially numerous where the grenades had been thrown. Regarding the subsequent organization and briefing the members, the event takes place as follows: In our organization there are ground observers.

One of them notes armored vehicles moving towards Kline or Turiqefc, while on the abovementioned case we had beforehand information. A notification of some of our stations takes place and they inform their members, but only so that we are ready, as soon as we get the news of what is happening on the ground, ready to help. The night slowed things down and with a delay it was announced that it was in the village of Vojnik village the police forces were heading. Although we speeded up our deployment to Vojnik, the police pulled out and there was no confrontation. That evening we got together and found that our forces suffered no losses. We decided to stay on the lookout of the terrain in all the roads leading to the scene. We sent observers, including others, and decided, after we received the consent of our man directly involved in the event that *"if the police will take any punitive operation, we resist..."* It was decided that before the morning all the strategic points on roads leading to the region at risk should be taken, considering that the forces can intervene from Mitrovica, Peja, and also from Prishtina.

We assigned groups for ambush, and observers to notice. Everything in Drenica and around it was under control. Our desire was to pray that at the very place where the confrontation happened, be so. There, were we predicted that we would reap victory. We had similar opportunities earlier, at another place, to "cut them off", but they came to exactly where we wanted them to come, where we were in several groups, in several ambushes. The convoy was long. We had news from our observers that they were accompanied by a helicopter. We waited until they entered in the middle of all groups, comprising of 3-4 or 5 people in a group with a total of 23 people from the village of Lludevic to a place called the Pope's Crosses.

The rest were in different places - not to describe them in detail. The convoy came to where we wanted it. First we attacked with hand mortars (rocket-propelled grenade), followed by hand grenades and some with different firearms, such as automatic guns, snipers and machine guns. The confrontation began at around 10 am and lasted until about 2 pm. The operation was very difficult, and we had tough non-stop fighting. We spent a lot of ammunition, especially on the helicopter. The mood among our forces was good. Except for spending our ammunition, our forces had no losses or injuries. More importantly, the villagers of these areas responded and mountains were filled with fighters ready to fight. During their withdrawal the police were attacked from all sides forcing them, out of panic, to fire at random all around, on civilian objects, schools, and mosques. After we forced the Serb Special Forces to withdraw, we went over to the scene, where the enemy forces were. They had left behind a lot of evidence to show that they had suffered losses, being captured by panic. We found various large caliber ammunition, revolvers, bloody bulletproof garments, helmets, various magazines, gas masks, tear patrons, and many others items. All the way from the village of Lludeviç to Pop's Crosses, the place was covered with bullet casings. Damages to the enemy, which we have seen are: one burned and one broken down armored vehicle (with damaged machine gun), one of personnel carriers burning, and some armored vehicles partially damaged. The chopper, we suspect, was hit, because soon it left and never reappeared, leaving their forces alone, half an hour before retreating. We are having great demands for membership, but we lack weapons. We haven't worked much in this direction. Therefore, peers operating in the region of Drenica seek to be represented by one of our earlier friends who has been abroad for some time now under his conspiratorial name as "Veshi" ("Ear").

Ending the story we greet you from our heart from Drenica.

Glory to the fallen for freedom! Signed by group of comrades at arms

- Who were actually the signees?

Adem Jashari-Rrafata, Ilaz Kodra-Gipa, Zenun Kodra-zena, Fadil Kodra-Dili, Nuredin Lushtaku-Nura, Hamëz Jashari-Dyli and Abedin Rexha-Gafurri.

# INSTEAD OF AN EPILOGUE
# JASHARI FAMILY WITH SUCCESSORS

This photo symbolizes the renewal of the Jashari family after the war. Adem's Lulëzim, Hamza's Bekim, and Rifat's Murat and from these marriages 12 children were born, 7 boys and 5 girls, all with names renewed.

*Descendants of the Jashari Family, then and today*

Although Serbs intention was to extinguish as a family, such a thing was not achieved. Despite the fact that many years have passed since the fight for the freedom of the country, Albanians will never forget the sacrifice given by the Jashari family for freedom.

# 12 MILION VISITORS AT "ADEM JASHARI"
# MEMORIAL COMPLEX

According to accurate figures of the memorial complex guide, 12 million Albanians from all ethnic territories, including the Diaspora and remote Canada, as well as foreign visitors from around the world visited the complex in 19 years.

# THE PHENOMENON OF ETERNITY
# HE IS ALIVE

Adem Jashari phenomenon is set in an eternal physical and spiritual monument, not as a medieval myth. not as a legend of traditional mythological narratives, but rather as a special and realistic character in history with equal typical and also realistic proportions as his deeds and heroisem marked the pedestal, reaching the peaks where even legends fail to reach, marking the infinite, beyond which the world ceases.

# THE PRICE OF FREEDOM

The last war in Kosova brought death to over 13.000 civilians, burning of about 1.000 residences, and complete destruction of over 104.000 homes and over 214.000 others destroyed and looted, over 2.000 KLA martyrs, forced deportation of nearly 1.000.000 people from their homes and other losses of family and national holdings...

*Adem Jashari*

*Shaban, Hamëz and Adem Jashari*

*Adem Jashari*

*Hamëz Jashari*

*Adem Jashari*

*Adem and Sahit Jashari*

*Adem Jashari, Jakup Nura, Kadri Veseli (Tiranë)*

*Adem and Hamëz Jashari*

*Hamëz, Rifat and Adem Jashari*

*Shaban and Adem Jashari*

*Memorial Complex "Adem Jashari", Prekaz - Drenica*

# PREKAZ A LEGACY OF THE BRAVE

## HE IS ALIVE

**Translated to languages:**
Albanian, English, German, French, Italian, Turkish,
Croatich, Slovenian, Spanish, Polish, Hebrew, Urdu,
Chinese, Arabic, Korean, Punjabi, Assamese

# PREKAZ
# A LEGACY OF THE BRAVE

Chronology

Supported by the
**"ADEM JASHARI" MEMORIAL COMPLEX**

Author
**Dibran FYLLI**

Consultant
**Prof. Dr. Murat JASHARI**

Translated by and Editor
**Avni SPAHIU**

Reviewer
**Prof. Dr. Zymer NEZIRI**

Publication Manager
**Author**

Graphic layout
**Durim FYLLI**

Kopertina - design
**uniART Creative**

Printed by
**"Office Printy" Printing**
Pristina, 2018

저자

디브란 퓔리(Dibran Fylli)

디브란 퓔리(Dibran Fylli)는 코소보 스켄데라지(Skenderaj) 지역의
아사레베(Açarevë)에서 태어났다. 그는 류블랴나에 있는 연극, 라
디오, 영화 및 텔레비전 아카데미(AGRFT)를 졸업했다. 그는 코
소보 작가 연맹(Kosovo Writers' League)과 뉴욕의 알바니아계 미
국인 과학 예술 아카데미(Albanian-American Academy of Sciences
and Arts)의 회원이다. 그는 문학, 예술, 과학 및 역사에 관하
여 24권의 작품을 출간하였다. 그의 연대기 책 《He Is Alive -
Adem Jashari and the War of Liberation》은 10개 언어로 번역되
었다. 그는 여러 장편 영화와 단편 영화를 만들었다 (3개의 국제
영화제에 참가했다). 그는 장편 영화와 TV 시리즈에서 40개 이상
의 역할을 맡았다. 그는 46편의 다큐멘터리를 제작한 시나리오
작가, 감독 겸 프로듀서로 현재 코소보의 수도인 프리슈티나에
거주하며 일하고 있다.